NEW
WCDP

新文京開發出版股份有限公司

新世紀‧新視野‧新文京—精選教科書‧考試用書‧專業參考書

New Wun Ching Developmental Publishing Co., Ltd.

New Age · New Choice · The Best Selected Educational Publications — NEW WCDP

國際禮儀

林慶弧 編著

INTERNATIONAL ETIQUETTE

「國際禮儀接待員」證照考試用書

教育部全國技專校院校務基本資料庫證照代碼：6897

第3版

國家圖書館出版品預行編目資料

國際禮儀 / 林慶弧編著. － 第三版. － 新北市：
新文京開發, 2018.01
　　面；　　公分

　　ISBN　978-986-430-365-6（平裝）

　　1. 國際禮儀

530　　　　　　　　　　　　　　　　107000462

國際禮儀（第三版）　　　　　　　（書號：H115e3）

編　著　者	林慶弧
出　版　者	新文京開發出版股份有限公司
地　　　址	新北市中和區中山路二段 362 號 9 樓
電　　　話	(02) 2244-8188（代表號）
Ｆ　Ａ　Ｘ	(02) 2244-8189
郵　　　撥	1958730-2
三　　　版	西元 2018 年 01 月 20 日

法律顧問：蕭雄淋律師
ISBN　978-986-430-365-6

關於「禮儀」的一些事

「請問，公司同仁想學習國際禮儀，應該從哪個範圍開始學起？」一些企業界的朋友經常問筆者這個問題。

「國際禮儀好無聊，以前高中老師都照本宣科！」筆者的學生上課時，會透露對這門課的厭惡。

「請問老師，您除了今天的演講之外，還有在哪裡上課嗎？」每次接受邀請到各民間社團演講後，最常回答的問題。

「國際禮儀」這門學問是學無止境的，因為禮儀的行為規範都是由人們訂定出來，隨著不同地區與民族的迥異風俗習慣，或因為時間與年代的物換星移，甚至連世俗價值觀的轉變，都會影響禮儀的內容，但唯一不變的是禮儀的初衷。

筆者教「國際禮儀」已超過二十年，從最初義務指導小學生最基本的餐桌禮儀開始，到目前擔任交通部觀光局的領隊導遊職前訓練的國際禮儀講座，雖然對象不同，但是推廣與提升國際禮儀素養的初心沒有改變，這也是多年來一直樂此不疲的主因。

學習國際禮儀最重要的出發點是正確心態的建立，何謂「富而好禮」的社會？這個境界在臺灣發生過嗎？如果連最基本的自重、自愛的作為都沒有，學習國際禮儀不啻為「沐猴而冠」的笑話；另一個不宜的心態是，「這些我都懂，但我就是不想做，你奈我何？」這就是典型的「只要我喜歡，有什麼不可以」症候群的表現。

人類會有「禮儀」的出現，與社會發展有密切關聯，為因應日益複雜的職業分工、貿易往來、文化交流、政治折衝等變化，逐漸

形成約定成俗的規範，進一步擴展為共同願意遵守的準則，再因為國與國之間的密集互動，變成今日大多數地區通用的共識。

因此，學習國際禮儀切勿以囫圇吞棗的方式背誦，或是不明白其中的演變過程，似是而非的不懂裝懂，這些都是學習的錯誤方法。正確的方法是瞭解人類演進的過程、社會形成的原因、歷史典故的意涵，與現今社會的日常運作，綜合成為內化的行為準則。

筆者上課時喜歡以現今發生的生活案例，搭配大家耳熟能詳的故事，融合古今中外的典故，闡述禮儀的起因源由、發展變化、影響程度、遵守原則、運用層面，作為完整且全面性的理解與應用，而非片段分割式的說明，或不明道理的強記硬背，讓聽者在故事情境中完全瞭解並掌握重點，而且不會因為時間而忘記，甚至願意改變行為習慣，提升個人素養。

然而，因為個人時間與職務所限，無法到處演講上課，因此撰寫教材，期盼能夠廣為宣傳國際禮儀的重要性，藉由課本無遠弗屆的功能，讓更多有心學習國際禮儀的同道們及學習者參考，經過多年來反覆修訂與更新內容，目前已改版至第三版的嶄新內容。

近年來華廈訓評職能評鑑委員會 (Sinica Standard Organization, SSO) 依據教育部「技專校院師生取得民間職業能力鑑定證書採認執行計畫」，在教育部全國技專校院校務基本資料庫中，增設「國際禮儀接待員」證照，該證照以積極、正面態度，推廣現代國民必須具備的禮儀基本知識與應該遵守的規範；並瞭解國際禮儀中，食、衣、住、行、育、樂正確的應對進退規範與技巧。本書寫作的宗旨與該證照推廣國際禮儀的立場一致，承蒙華廈訓評職能評鑑委員會推薦，列為證照考試的參考用書，期盼能夠讓更多國人提升「國際禮儀」素養。

雖然從事多年「國際禮儀」教學，但「國際禮儀」的領域會因時空不同而有所變化，加上個人才疏學淺，本書內容若有誤謬之處，或與世界潮流趨勢不合者，懇請各界賢達、專家、前輩們指正，讓筆者能夠在學習的道路上更加精進。最後感謝新文京開發出版股份有限公司編輯部同仁的用心協助，讓第三版能順利付梓，是為序。

林慶弧 謹識

Contents

目錄

Part 1

導　論

01
Chapter

禮儀綜論

第一節　禮儀的重要性

　　人是群居的動物，無法離群索居，虛構小說中的魯濱孫和電影《浩劫餘生》的湯姆漢克斯，不都是想要重回文明社會？生活在現代社會，我們無論是要結識朋友、發展個人事業，都要依靠社交行為來擴展人脈關係，一個人隨著年齡的增長，活動的領域亦隨著擴大，與他人的互動也隨之增多。因此，除了家人以外，親戚、鄰居、同學、朋友、同事，甚至是陌生人，將會漸漸走入個人的生活圈裡，現代分工繁密的社會型態，已不可能像《浩劫餘生》中的主角一樣，永遠在無人島上獨自生活，但是人與人之間，或種族與種族之間，因為風俗習慣的不同、宗教信仰的差異、民族色彩的多元、生活價值觀的迥異，皆會產生各行其事的行為準則，各自習以為常的慣例。

　　但隨著國際間的互動頻繁，在本國習以為常的行為舉止，到了外國社會總顯得格格不入，或造成出洋相或貽笑大方，舉個最簡單例子來說，老外到臺灣留學，端午節品嚐粽子時不知道要先將粽葉撥開，直接就咬下去吃，所鬧出的笑話；臺灣人到荷蘭旅遊，不知道當地有一種煙燻 Cheese，包裹一層同色系的軟塑膠皮蠟，就這樣連皮帶 Cheese 吃下去，也一樣造成舉座大驚。

導論

**　入境隨俗，學會尊重他人的生活習俗，臺灣人民出國機會多，學習國際禮儀非常重要。**

3

　　人類是社交動物，除了少數特立獨行的人，與居住在偏遠地區的部落族群之外，在日常生活中，大家都會有很多機會面對各種禮儀，不管你是否願意認識或被他人認識，有時是主動，有時是被動，而更有些場合會因為行為舉止的不合宜，而讓雙方都感到尷尬，這些都是不妥當的，嚴重的時候還會造成誤會或紛爭。

　　例如，雅典奧運會舉辦前夕，土耳其的總理艾爾多安和嚴守伊斯蘭教戒律習俗、穿戴傳統保守服裝的夫人艾米芮，率同陣容龐大的一百多名政府官員、工商領袖和新聞記者，踏上希臘國土進行歷史性的訪問。希臘在國是訪問期間，政府官員都謹守客人的回教習俗，例如虔誠伊斯蘭教徒禁酒，因此希臘在國宴上也就不陳列香檳等任何含酒精成分的酒品和飲料。

❖ 英國著名的衛兵表演，參觀時要懂得尊重表演秩序。

　　此外，不得在信仰伊斯蘭教丈夫面前，稱讚對方妻子美麗的客套言詞，以免對方懷疑是否有意「染指」其妻而心生不悅等伊斯蘭教徒最忌諱的言行，希臘政府也都嚴守準則而避免觸犯。但偏偏在最後送行登機前的一刻，或許由於在這次歷史性的訪問過程期間，兩國領袖相談甚歡，也奠定了兩國關係大幅改善的基礎，希臘總理卡拉曼尼斯一時忘情，擁抱了披戴伊斯蘭教保守頭巾的艾米芮夫人，並在艾米芮的兩頰各熱烈親吻了一次。

　　未料此一鏡頭，透過現場直播傳回土耳其後，立即引起國內軒然大波，尤其是親保守派媒體和若干專欄作家，群起抨擊希臘官方不知禮數或指控希臘蓄意差辱土耳其。最後是希臘總理卡拉曼尼斯寫了正式的道歉信函才解決了這宗現代版的「特洛伊」之戰。

　　另外一個明顯例子是，美國前總統小布希當年率團訪問歐洲各國，風塵僕僕地從德國趕到斯洛伐克國訪問，抵達機場時大雪紛飛，小布希總統一下機就熱情地和迎接他的斯洛伐克總統等高級官員握手，沒想到這樣的舉動卻受到當地媒體批評，指稱小布希與夫人訪問斯洛伐克時，竟然戴著手套與接機的總統和官員握手，是瞧不起該國。原來，美國總統小布希伉儷嚴重違反當地的禮儀習俗，在戶外無論天氣如何惡劣，要握手的雙方為表誠意，一定要將手套脫下來才能握手，但他們卻戴著手套與接機的官員握手。

　　這就是尊重他國習慣的重要關鍵，因為在美國國內，握手時應否脫下手套會隨室內外及環境不同而有所變化，但在斯洛伐克就必須脫下手套，這件事被美國國務院前禮儀外交官思卡布，感到相當訝異與不解，他表示當造訪別的國家時，注意並尊重當地習俗是很重要的，更何況是美國總統！

❊ 威尼斯的水都交通即景，不同的生活環境，形成迥異的風俗習慣。

第二節　禮儀的起源與演變

　　「國際禮儀」的重要性並不是今日才顯現，早在西元前一世紀，羅馬成為當時大帝國的首都，就開始流傳一句俗諺「在羅馬就要像羅馬人」(Do as Romans in Roma)，因為各城邦的人民來到羅馬朝聖，就必須學著羅馬人的習俗，才不至於會被當成鄉下來的「土包子」。

　　直到今日，漢人的成語裡也有「入門問忌」、「入鄉問俗」、「入國問禁」的說法。學習禮儀，最重要的就是開始懂得尊重別人，能夠包容別人與自己的不同，不再自以為是、堅持只有自己才是「世界的中心」、「天朝典範」，而別人都是「蠻夷之邦」、「左襟蓄髮」、「夷狄雜形」。

　　禮儀是待人處事的規矩，但這些規矩並不是某一個人或某一個團體訂定的，它是大家一致認為正確的，久而久之成為習慣。根據這些規矩來處事待人，就能使大家相處得和諧、愉快；反之，就很容易使人產生反感。懂得尊重與包容之後，更進一步才會欣賞與接受，否則我們還要處在「閉關自守」和「夜郎自大」的環境裡，無法與國際間互相往來，變成有形與無形的「孤島」。

　　因為世界各國與民族都有不一樣的行為規範，要如何才能成為大家都能共同遵守的通則呢？要以哪個國家、哪種行為來作為國際間共同的規範呢？這是一個非常現實的問題，有實力的人就能夠主導。如同英語成為世界共通的語言一般，英語挾著強大且豐沛的經濟力量，讓其他非英語系的民族紛紛學習英語。

　　這種影響性也出現在「禮儀」的通用原則，例如，社交往來時習慣以互相握手作為見面禮；但古代中國人，見面時是以「拱手」為禮，而不是「兩手相交」；但今天當我們以「拱手」的這種姿勢，只會出現在特殊的節日，如過年時的拜年，還會伴隨著「恭喜恭喜」的祝福，其他的場合早已不復見。（在臺灣，競選期間「拱手拜票」則是特殊的文化現象）

　　「握手」的起源：相傳在十七世紀的英格蘭，對立的敵人談判時，為取信於對方，規定大家同時伸出雙手，以表明未攜帶武器出席。隨著時間的演進，認為伸出雙手太麻煩，而改為伸出一手，再改良為互相握手，漸漸就成為今日大家所熟悉的「見面禮」。

　　各民族的「見面禮」皆不相同，例如南歐的西班牙、浪漫的法國人、熱情的義大利人等，會以親臉頰作為見面的禮儀；拘謹的德國人則以點頭作為見面禮；英國人則有對女士的手背親吻作為崇敬的見面禮；日本人則是互相鞠躬作為見面禮。禮儀往往因時

✖ 握手的禮節成為共同的見面禮。

間、空間或對象的不同而有所改變；古時的禮儀在今天不一定適用，外國流行的某些禮儀在臺灣也可能完全不合適；對男人的禮儀和對女人的禮儀亦有不同的地方。因此，在進行社交活動時，就要注意到這種差別，最好遵守「入境隨俗」的原則。

第三節　時代改變，禮儀也跟著變

　　美國時代雜誌《Time》，有一期的封面描繪兩位穿著非常時尚的都會男女，坐在高雅的餐廳裡，桌上布置豪華講究的餐具，與可口美味令人垂涎欲滴的美食，只見這男主角以一隻手緊緊的握住女主角的一隻手，……但最諷刺的是，這兩位男、女主角的另一隻手卻各自拿著行動電話正在高談闊論，眼睛也沒有深情款款看著對方，而是望向遠方。

　　這一期《Time》雜誌探討的主題，就是現代社會的人際關係，當行動電話成為全民生活的基本配備，乍看之下人與人之間的距離是縮短了，無論當時人在天涯海角（有次筆者休假，人在臺東都蘭知名的海灘與家人散步，突然手機鈴聲劃破寧靜的氣氛，原來是學生從桃園機場打電話來

※ 行動電話是現代人不可或缺的連絡工具，但也要遵守基本規範。

辭行）、無論白天或黑夜的時空背景下，隨時電話一接通就可以直接找到本人，但是人與人之間的關係，有因為行動電話的便利性而增進嗎？還是因為行動電話的使用而更加疏遠了呢？

ETIQUETTE COLUMN

從廣告看社會現況

　　臺灣的行動電話業者曾經拍攝過一部很誇張、很搞笑的電視廣告，內容是：郵差送來一封掛號信，需要收信人的印章，站在門口的父親打電話請在廚房的媽媽幫忙，媽媽無法離開廚房，打給正在洗車的長子，長子打給在房裡玩電動的次子，次子打給在二樓看電視的大姊，大姊再打給老媽問印章放在哪裡？最後從二樓拿給站在一樓門口的爸爸。這部廣告原本是在凸顯他們這家公司的通話費便宜，但卻也暴露臺灣家庭生活的實情，住在同一屋簷下的家人之間的溝通與互動，竟然靠一支行動電話來維繫。

　　人與人之間的互動模式若僅止於靠行動電話來傳達溝通，或以簡短的火星文與貼圖來傳簡訊或 FB 或 LINE，人類社會的生活規範，是否會因此而無所適從呢？人類歷史所發展出的生活智慧或道德禮儀，是否也會逐漸式微，而產生驚天動地的變化呢？

　　由於電腦科技的發達和網際網路的普及，人與神的關係也有了很大的改變，有兩部電影以輕鬆詼諧的劇情來探討人與神之間的關係改變。新加坡新銳導演陳佩然、梁智強兩人拍攝的《小孩不笨》，其中有一段劇情是：一位穿著時髦、愛子心切的富媽媽，到神壇向觀音媽（觀世音菩薩）祈求，保佑他的兒子畢業考試順利成功，廟祝拿出三張符咒給富媽媽，要她回去後燒化加開水給她的兒子喝下，保證神明庇佑、聰明附身、無往不利、順利成功。此時，富媽媽開口說：「但是我兒子現在人在美國，用快遞送去也來不及呀！」但見廟祝旁的乩童說：「你知道 computer 嗎？叫你兒子上網打 www.

❖ 到國外旅遊要遵守他國的風俗習慣，例如參觀紀念碑要肅穆莊嚴。

xxxxxxx.com，印第幾張和第幾張符咒喝下去就可以了！」富媽媽頷首稱謝，心滿意足答謝神恩回家去。

　　搞笑喜劇演員金凱瑞主演的《王牌天神》，劇情是他擔任天神時，因為沒耐心回答信徒的 E-mail 禱告內容（因為實在太多了！），因此在電腦上回覆所有的祈求禱告內容「所求皆准」，結果雖滿足禱告者的心願，卻也造成社會脫序、人心不安，暴動連連、人禍頻傳，金凱瑞發現他處置失當後，立即關閉網站，不再接受新的祈求，之前同意的內容也全部回收，才解決一場空前的災難，因此上帝還是依照傳統的方式來決定，應該會比快速的網路工具要來得正常些。

　　時代快速變遷，人們生活在後資訊化社會中，早已無法想像過去農業社會的人際關係與社會關係，例如過去家裡有婚、喪、喜、慶等活動，來協助幫忙的人，大都是與生活周遭最有關係的親戚和鄰居，現在則可能已轉變成為公司同仁或社團的朋友，因此禮儀形式和內容也會隨著時代而有所改變。

導論

　　舉兩個最明顯的例子，首先農業社會的結婚典禮，男方要準備的禮物品項繁多且手續複雜；例如要有檳榔和大塊豬腿肉等等，檳榔是拿來請女方客人吃的（由平埔族習俗傳衍而來），大塊豬腿肉則是要分割給來幫忙的親戚們帶回家的謝禮，也是周告親朋好友喜訊的方法之一。現代人的婚禮上，很少人會再依照傳統的習俗準備這些禮物了，而改以金錢來取代。

❖送禮時，要用心選擇合適的禮物。

　　農業社會中家裡若有嬰兒滿月，會自己製作大量米糕分送鄰居與親戚，以此來分享新生嬰兒成長的喜悅，現在親戚住得遠，鄰居又不認識（或不敢認識！），所以米糕反而不容易分發，而改送彌月蛋糕（可宅配又可保存較久），彌月米糕的習俗就逐漸式微了！此外，從前收到米糕喜訊時，會回送

一盤白米、一顆蛋和一粒石頭，白米表示禮尚往來，一顆蛋代表恭喜喜獲麟兒（新生命誕生），石頭則表示祝福嬰兒健康頭好壯壯；現代人則以包禮金取代。時代改變，觀念與行為改變，禮儀的內容也隨之有所變化。

　　因此，學習禮儀不需要太拘泥於外在的行為和形式，重點是要懂得尊重異同之處和對方的習慣，最高階的禮儀則是發自內心的修養，不讓對方覺得不自在或尷尬，讓所有人喜歡與你在一起，覺得是輕鬆沒有壓迫感，又能有所成長的氛圍。

延伸閱讀

- 老中老美大不同，趙海霞著（新北：印刻出版，2004 年，初版）ISBN: 978-986-742-024-4
- 洋相：英美社交禮儀，蕭芳芳著（湖北：湖北科學技術出版社，2015 年，初版）ISBN: 978-753-527-703-9
- 國際趣聞知多少（二），蕭曦清著（臺北：牧村圖書，2004 年，初版）ISBN: 978-986-753-304-3

Part 1

Manners Make Man

第一節　禮儀的原則

　　禮儀應是由內而外的修養，是出於自然的
優雅行為舉止，而非故意的矯揉做作，也非沐
猴而冠式的引來哄堂大笑，禮儀代表一個人的
品格與素養，代表教育的成功，學習禮儀應該
從家庭教育開始。

　　首先來瞭解為什麼要有「禮儀」。要獲得
別人的肯定與融入社會生活，就必須遵守若干
習俗，而這些習俗就是所謂好的禮儀；而又有
哪些該遵循的基本原則；如何將你的朋友介紹
給他人認識，介紹後，要注意哪些談話的技巧
與傾聽的藝術；出入社交場合該有哪些基本的
禮儀，而女生化妝要注意哪些事項；還有現在
社會上都藉電話來處理事情，人們常常會忽略
打電話的基本禮儀……等，這些基本社
交禮儀，說簡單也不太簡單，唯有平常
的學習與演練，將禮儀內化成為個人的
基本修養，並呈現在日常行為，除此之
外，並沒有其他更快速的方式，來避免
發生糗事。

　　美國的《讀者文摘》雜誌曾進行全
球禮貌大調查，在三十五個國家與地區
的大城市中，臺北名列第二十八名，為

✖ 介紹雙方認識時須注意一
　些技巧與原則。

✖ 日本九州武雄市立圖書館，進入圖
　書館要遵守基本的規範。

倒數第八名。可笑的是，前外交官陸以正非常不服氣，認為可能是調查方法和禮貌定義認知不同造成；臺北市政府新聞處（今觀光傳播局）前處長羅智成也認為，臺北市排名不佳等結論，是因媒體引用的禮貌指標略為主觀。不過，他把媒體調查的禮貌城市排名視為警訊，指出未來有必要加強禮儀的宣導。他認為，禮貌具有強烈的文化意涵，受文化背景影響大，禮貌意涵東西不同。

ETIQUETTE COLUMN

調查結果的逆向思考

筆者對此調查結果的看法不盡相同，因為臺灣是地球村的一分子，我們也都自豪地認為是世界公民，為何評比分數不高時，就拿東西文化差異來當擋箭牌或代罪羔羊。因此我們應該捫心自問，我們學好了嗎？我們有資格與外國來競爭了嗎？不要每次全球性的公平調查結果一出爐，成績優異時就沾沾自喜，成績不理想就怨天尤人，這樣的心態必須導正，否則我們可以一直躲在「泱泱大國」、「禮儀之邦」的謊言下生活嗎？

「禮貌大調查」針對三十五個國家、地區人口最稠密的都市，派出調查員進行三項實地測試，包括在不同時段，尾隨他人進出公共場所，前者是否會幫調查員拉住門；前往商店購買便宜的小物品，店員是否會說「謝謝」；在繁忙地點掉落一疊文件，其他人是否會幫忙撿拾。

臺北表現最差的項目是撿拾文件，一名十九歲的女學生表示，她之所以沒有幫調查員撿，是因為覺得對方可能不需要幫忙。其次為拉門，臺北獲得七分、全球第二十五名。沒有替尾隨的調查員拉門的大學生說，天氣很冷，所以隨手把門關上。在三項評比中，臺北只有「購物服務」一項擠進前十五名，「撿拾文件」甚至還落到三十一名。

《讀者文摘》表示，如果日常禮儀是維持社會正常運作的潤滑劑，還有許多城市需要努力，這項調查不是一項嚴格的科學性調查，但真實反映了各城市人們的水準，可說是對於全球各都市禮貌所做的一次最大規模瞭解與比較。

■ 男性為女性開車門，可以說是日常生活的基本禮儀。

最發人深省的是，亞洲城市居民普遍不認為幫他人拉門是一件有禮貌的行為，沒有一個城市禮貌率高逾40%，新加坡人更只有25%。一名移民新加坡 10 年的臺灣人表示，這可能是新加坡社會過度功利主義，父母每天忙著賺錢，認為只要有錢供孩子念好學校即可，卻忽略了孩子的家庭教育，而政府也未意識到從教育提倡人民必須有禮貌，導致新加坡成為一個沒禮貌的都市。

◎ 從這次調查中，以下的問題值得大家來思考

- 「國際禮儀」，是不是外交官的專利呢？
- 「臺灣錢淹腳目」，卻未能提升臺灣的國際形象，背後的問題何在？
- 到底要從何時開始學習「國際禮儀」？
- 禮貌與禮儀，兩者有何差異？
- 學習「國際禮儀」之後，如何應用？

人類的社會生活，欲維持得美滿，那可要社會上每一分子共同努力，互相協助才行。懂得禮儀且願意在日常生活中運用的人越多，這個社會就會越開明、進步與和諧，所謂禮儀是社會生活的潤滑油，社會生活的基本規範。我們更可以說，「道德」是人們對全社會應負的一種責任；而「禮儀」即是人們約束自己的規範。也就是說，道德與禮儀是舒適的社會生活不可或缺的規律。

那麼，禮儀在基本態度上應該注意哪些事情呢？社交上的種種禮儀，範圍甚廣，但總有一些基本的原則可以遵循，那就是：

第一是誠懇。誠是人與人相處的態度，也是禮儀上的一個重要原則。俗話說「誠者，事之終始。」出自內心的行為和語言，才能夠真正感動他人，否則日久會被識破虛情假意，因此另一句俗話說：「惟天下至誠，為能化」。

其次是尊重。你希望別人尊重你，首先自己要尊重別人。俗話說「敬人者，人恆敬之。」臺語也說：「你敬我一尺，我敬你一丈。」彼此能互相尊重，人與人之間也就和諧愉快，不會有什麼紛爭了。尊重他人與自己的不同，因為每個人的家庭背景、民族習慣皆不相同，不能以自我為中心。

「敬」和「誠」是密切關聯的，沒有「誠」，「敬」也成為虛偽。不敬，誠根本就不存在。在社會上，常常可以看到這一類人，表面上他對你非常恭順尊敬，但背後卻對別人說你的是非，這種缺乏誠心的敬意，遲早會被人看穿的。

禮儀，必須是誠於內而形於外的行為，否則，裝模作樣的禮儀行為，也只不過是虛假的形式。以禮儀來陶冶個人，一個能夠做到「禮尚往來」的人，一定是懂得尊重他人、感謝他人的人。如果人人都能做到多一分禮貌的言行，就可以減少一分暴戾之氣，可以減少彼此間的摩擦，消弭彼此間的怨恨。

重視禮儀，社會才會更和諧，以禮儀來改善社會風氣，造就文質彬彬、富而好禮、共存共榮的優質社會。當然，所謂的「富而好禮」，不是說富裕之後才能講求禮儀，應該是不論窮或富，都要有禮貌、有教養，表現溫文儒雅的氣質，我們的社會就會更和諧、更繁榮，我們的生活也將更安全、更安定。

W.A.

進入教堂內，應尊重宗教儀軌，即使宗教信仰不同，亦應懷虔敬之心。

第二節　國際禮儀的基本原則

　　禮儀是人與人相處的規則，所謂無規矩不成方圓。我們日常生活的食、衣、住、行、育、樂，以及婚、喪、喜、慶，都是在有禮有節的情形下，才能順利進行。

　　禮儀須符合身分、場合，一定要適當，所謂若合符節，知書達禮，過猶不及。禮儀因文化及地域而有差異，亦無強制性的絕對標準，我們對各國文化及禮儀均應尊重，做到入境隨俗，尊重他國的風俗民情與習慣。

　　國際禮儀是以西方文明國家的傳統禮俗、習慣風俗與經驗為主，故我們必須瞭解西方文化特質及精神，才能在國際社會中入境隨俗而不逾矩。首先我們要瞭解，生活在東方傳統文化經驗的人，對於西方文化與生活價值觀，往往無法立即認同或接受，因此有必要先瞭解東、西方社會最大的差異性，兩大文化差異簡單的比較如下：

乾淨的環境讓人心曠神怡，有禮貌的社會讓人覺得舒適，生活有品質。

1. 西方社會尊重女性，東方社會較重男輕女。

2. 西方社會講平等重法律，東方社會講權威重人情。

3. 西方社會重實力及績效且敢於表達，東方社會認為謙虛是美德、講人和。

4. 西方社會重視個人及隱私，東方社會較喜歡公開討論他人事情。

　　以上只是東、西方社會最大不同的價值觀比較，因價值觀而衍生出來的行為和禮儀，就會有更大的分別，例如，西方人收到禮物時，會當著送禮者的面當場打開，並立即感謝與讚美；東方人則含蓄等送禮者離開後，再打開來品評一番。

西餐宴會除了主人以外，不可有舉杯邀酒的舉動；中餐則是要頻頻向人敬酒，以表尊重。

中國社會喜歡問人：「您貴庚？」表示關心，是禮貌的行為；西方問人年齡，則會招來白眼惹人厭。

我們參與國際社會的機會越來越多，當我們身處在以外國人士居多的場合時，有一些簡單且實用的原則，在國際場合適用之行為準則，整理後可分成：

❖ 藏傳佛教仁波切在臺灣弘法，尊重各種宗教信仰是普世價值。

◎ 要遵守的原則

1. 要常說「請」、「謝謝」、「對不起」。

2. 要有風趣幽默的談吐，要懂得欣賞，讚美是一種學問。

3. 談話內容一般以天氣、各地的風俗民情以及有趣的事情為佳，且要讓眾人皆有表達的機會，同時也可增長彼此的見聞。

4. 要多使用溫和中立的辭令，婉轉表達出自己的看法、想法、批評、結論。

◎ 不要有的行為

1. 不要形成小圈圈，有不同國家人士在場應一律使用英語，不要私下竊竊私語或以華語交談。

2. 不談個人私事、他人年齡、婚姻狀況、宗教信仰、競選中投誰的票。別人買來的東西不要去問價錢多少，至於收入多少，更是不能隨便問的事。

3. 不談政治、宗教、疾病、氣味、種族。

4. 不使用攻擊性語言。

5. 不要只談自己熟悉的話題，會使其他人難堪，產生反感，只談個人業務上
   的事，並加以賣弄，也會使其他人感到你視野狹窄，除了本行之外一竅不
   通。

　　除語言外，也要注意肢體語言。人類溝通除了語言以外的肢體語言，在
我們日常生活中也是無所不在的，它不但豐富了語言的內涵，更加強了人們
傳達的意思，有時還能無聲勝有聲地巧妙表達訊息，並且留給對方更大的想
像空間。但由於民俗不同，同樣的手勢，在不同國家間卻有不同解讀及意義，
所以國際場合少用手勢為佳，避免引起不必要的誤會。

第三節　國際禮儀的重要性

　　前總統陳水扁參加哥斯大黎加
總統就職典禮上，在國際場合中主
動伸手與美國總統夫人羅拉女士握
手事件，引起國內政治圈的脣槍舌
戰，若以外交部網站[1]內容所揭來
看，在握手的場合，男士不宜主動
與女士握手，還是應該等女士先伸
手再握。由此觀之，國內曾有人力
銀行進行臺灣上班族職場禮儀檢

❖ 在臺灣經常可見的錯誤握手姿勢，不
　可出現在國際場合，以免貽笑大方。

測，根據調查結果顯示，竟然有三成四的受訪上班族不及格，而滿分的人數
更不到五人。令人驚訝的是，工作年資在 11 至 14 年的職場老鳥，竟然是平
均分數最低的族群。

　　究竟是如何「艱澀」的題目，可以讓臺灣上班族的分數如此難看？調查
人員更表示，所有題目均是最為粗淺的國際禮儀範圍，例如：「介紹男女雙

1　中華民國外交部網站 http://www.mofa.gov.tw/

方認識時，應先介紹女生給男生還是先介紹男生給女生？」答對的人數比例竟然只有 18.89%；另外一題「男女間握手時，應該是男生先伸手還是女生先伸手？」答對的比例也只有 35.83%，顯示國內上班族對於職場基本禮儀的常識明顯不足。

調查顯示，九成二的受訪上班族都覺得「具備職場禮儀是找工作時的條件之一」，五成九的上班族更認為這是「尊重自己企業及工作」的表徵，但卻有六成七的上班族「覺得自己的職場禮儀不足」，也有兩成的受訪者認為「上司的職場禮儀不足」或「非常不足」，顯示國內上班族不僅認為自己有點「沒禮貌」，上司也時常失禮。

當問到禮儀知識的來源時，四成八的受訪者靠「職場中學習」，三成八則是「看電視」，三成七表示職場禮儀常識「來源不足」或「非常不足」。顯示國內上班族的職場禮儀知識來源貧乏，幾乎等於只能靠自己摸索，或者是看主管如何以身作則。但在受訪上班族心目當中，五成五認為主管的職場禮儀只是「普通」，認為「充足」和「非常充足」的合計不到四分之一。

:x: 學習正確的禮儀內容，有助提升職場競爭力。

簡單列舉眾所周知的國際正式場合禮儀，如兩國元首的互訪，稱之為「國是訪問」，一定要有同等級的官員接機，以及鋪紅地毯、校閱儀隊、二十一響禮砲、禮車迎送、警車開道、總統套房、國宴，均是必備之禮節。接著要舉辦國宴，國宴的程序、服裝、座位安排、國宴的陪賓、菜色等都有一定的限制與規範。外交使節到任時需呈遞國書，這是首次晉見駐在國元首之禮儀，也就是正式報到之禮儀，過去一定穿著正式的大禮服，故總統蔣經國任內將此規定簡化。[2]

---

2 《他比總統先到》，頁 172。馮寄台著，聯經出版公司。

Part 1

　　此外，還有頒贈勳章，頒贈勳章乃是一國政府表彰外國人士特殊貢獻的榮譽表徵，也是敦睦邦交必要的禮節。各國為敦睦邦交、聯絡感情，對友邦的節慶、災禍、國喪等，都必須有表示祝賀或弔慰的正式禮節規範，是一種重要的國際禮儀表現。外國貴賓訪問，向忠烈祠及紀念性場所獻花為對我國之尊重，更是友好的必要禮儀。

　　以上所舉的項目，在我國都是由外交部禮賓處來（原禮賓司）負責，外交部禮賓處的職責就是接待友邦高層訪賓，並負責駐華使節、代表之特權業務。禮賓處長為我國代表國家對外之最高禮賓官。下轄交際科，主管友邦外長級以上國賓訪華接待案、高級長官款宴外賓、辦理茶（酒）會及球敘、籌辦外交使節團活動、專（軍）機過境、編印訪賓名錄及安排府院晉見。典禮科主管有關典禮、國書、勳章及國際慶弔及名譽領事證書頒發等事宜，並按時編印世界各國簡介暨政府首長名冊。特權科主管有關駐華外國機構之外交特權、豁免及優遇等事項。[3]

延伸閱讀

- The complete idiot's guide to etiquette, by Mary Mitchell and John Corr(USA: Macmillan Education, 2004, 3rd edition)ISBN: 002-863-8484

- 中華民國外交部，https://www.mofa.gov.tw/

- 國際禮儀手冊，https://www.mofa.gov.tw/NewsNoHeadOnlyTitle.aspx?n=BE36F82FF80306A4&sms=1C832F30BCAF67A5

- 禮貌，你做對了嗎？禮賓司長教你最正規的國際禮儀八堂課，朱玉鳳著（臺北，城邦出版，2016 年，初版五刷）ISBN: 978-986-272-626-6

3　中華民國外交部網站 http://www.mofa.gov.tw/

MEMO

Part 2

餐飲篇

03
Chapter

餐飲禮儀—宴會通則

第一節　如何扮演稱職的主人

　　舉凡「生命的旋律」活動，如：新生命的誕生、周歲、生日、婚禮等；或「生活的旋律」活動，如金榜題名、升等、喬遷、迎新送舊等；甚至是宗教節慶或是純粹的好友相聚，這些都是藉由餐桌來進行歡樂的社交，達到維繫情感的目的。

　　一位稱職的主人，在籌辦一場賓主盡歡的宴會時，必須考量許多的細節，宴會需訂有一個特殊的目的或原因，主人要讓客人清楚宴會的性質，各項的準備工作也要針對內容來安排、邀約與布置。

1. 地點的選擇

　　宴客最佳的地點是自宅，既可表現誠意，也符合經濟實惠，但要考量相關配合條件，首先家中面積是否足夠容納所有賓客，其次是女主人的手藝或餐具設備等。因此一般都選擇在大飯店或餐廳舉行，決定地點時，考慮的因素有：餐廳的口味、服務的水準、價位的高低、交通的便利等。

❖ 宴會廳，大型餐宴一定要有周全的規劃。

2. 邀約對象

　　西式宴會對於邀請對象都很慎重，不能廣為邀約而失去該次聯誼的目的，要達到社交的功能，就必須確定宴會的性質與目的。如同事聚會時，就不可再邀約自己的親戚，除非是同行業；家庭聚會時，也不宜邀請不相關的朋友參加，有些正式的場合不適合攜帶小孩赴約。

餐飲篇

邀請陪賓名單，通常考慮主賓是否喜歡為主，以免雙方立場迥異，而鬧得賓主不歡而散。人數切忌數字十三，理想人數為六、十或十四人。

3. 邀請的方式

最正式的邀約，應以書面的邀請卡來邀約。

國人在邀約時，往往忽略「邀請卡」的重要性，大概只有結婚、公司喬遷、開幕酒會或重要壽宴才會印製邀請卡，很少會因為一次的宴會而特別印製邀請卡；但若能讓賓客接到一張經過特別設計的邀請卡，會備感溫馨與慎重。

■ 自製邀請卡可以充分顯現主人的誠意。

可以購買市面上的萬用卡片，以手寫或電腦列印，或飯店提供的空白請帖，自行填寫內容；內容應包括日期、時間、地點、事由、邀請人。

提醒注意的是，西方請帖會再註明衣著的形式和附上回條。請帖要註明「R.S.V.P.」或「Regrets only」，前者表示參加或不參加都請回函告知；後者表示若不克出席時，務請告知。臺灣若要符合國際的潮流，應開始在請帖上註明，告知客人穿著的規範與出席回函。

請帖應於宴會二週前讓客人收到，最好在宴會三天前再次提醒並確認，便於掌握出席人數與安排座位。

即使是很熟的朋友，也不建議使用電話或傳真邀約或留電話簡訊，這些都不符合國際間的商務禮儀。

4. 菜單的安排

主人應視邀約對象設計菜單，許多國人不食用牛肉、伊斯蘭教徒不食豬肉與飲酒、為了各種理由而茹素者、猶太教的信徒飲食的禁忌、天主教徒禁食的種類繁多、外國人不吃動物內臟、保育類動物（如魚翅等）不可上桌…

等等，這些都要事先考量周延，避免客人不敢進食，造成尷尬場面。主人亦應事先調查客人飲食習慣，務求賓主盡歡。

ETIQUETTE COLUMN

宗教的禁忌

虔誠天主教徒，週五不吃肉，四旬齋節的第一天與基督受難日也不碰肉。

伊斯蘭教徒與猶太教徒不吃豬肉與帶殼海鮮；伊斯蘭教徒的食物要經過阿闍祈禱過的才能食用。

印度人不吃牛肉；摩門教和新教徒不喝含酒精飲料。

猶太教徒在逾越節不吃發酵麵包。

5. 接待禮儀

細心的主人不能將所有準備工作全盤委託餐廳負責，在宴會當天要提早抵達會場，檢查各項細節，如座位名牌、布條、海報、指引標示、桌上鮮花與冰雕、桌上菜單等等。

接著，主人應在宴會廳門口親自迎接賓客的光臨，表達高度的誠意與熱情，並與賓客一一握手寒喧。但不可與任何人聊太久，以免怠慢後來者或被認為厚此薄彼。帶位的工作就交給服務人員來協助，不能因為帶重要的賓客到會場，而忽略了其他人的感受。

❖ 事先準備好招待客人的食物及裝飾。

6. 準時開動

　　西餐宴會一定準時開動，與中式婚宴經常拖延時間大相逕庭，主人大可不必為了不守時的遲到者，而讓準時的賓客飢腸轆轆的枯等。若客人真的遲到，前面已經上過的菜餚不必再補上。

7. 敬酒

　　中餐宴會時，主人喜歡頻頻對客人舉杯敬酒，以表現出好客的誠意，客人也要回敬，以示感謝主人的招待。而客人與客人之間，也會互相敬酒，保持熱絡的氣氛，敬酒時要依照順序一一舉杯邀請，切莫跳過其中任何一位，避免被誤會不尊重他。但千萬不要故意將某人灌酒或故意整人，中餐經常會出現被整的人醉到不醒人事，或當眾出糗，甚至酒後駕車釀成悲劇，這都是要極力避免的。

✖ 西餐敬酒時，酒杯的拿法要正確，注意小拇指不可以往外翹。

　　西餐的敬酒，通常由主人主持，且只有一次，大都在菜餚上桌前舉行，首先會有人輕敲杯子發生清脆的聲音，提醒大家安靜下來，接著主人起立開始致詞，祝福所有賓客後，主人會舉杯喊「cheers」！然後喝杯中的酒，此時賓客不必起立仍然坐著，拿著酒杯與左右兩邊的客人輕碰杯緣，互相祝福，然後喝餐前酒。西餐在宴會過程中，任何人要喝飲料或喝酒，只能自己拿起來喝，千萬不能邀約別人一起喝，邀人喝酒是非常不禮貌的舉止。

8. 宣布結束與送客

　　主人宣布結束宴會，要把握時機，在客人有心理準備的情況下進行，例如有人頻頻看錶或起身打電話，若在餐廳請客，最好在餐廳服務人員開始收拾前就結束，以免惹來服務人員的白眼。

　　送客是宴會的壓軸，主人應站在門口與賓客一一握手道別致謝，對於年長者或身分特殊的主賓，則應送至餐廳（或飯店）的大門口，以示慎重。送客時，不可與任何客人久談，若有要事相談，可再約時間聯絡，以免怠慢其他賓客，主人應送走所有賓客後才能離開。

　　主人若需當場結帳，應等所有賓客離去才可為之，在客人面前結帳最不禮貌。

第二節　如何成為受歡迎的客人

1. 回覆

　　一位社交表現優異的客人，在收到請帖後，應確定能否出席，然後寄出回函或回條，此時，為爭取時效可以用「傳真」的方式回覆，且最好告知主人出席的確實人數。當一旦確定後，切莫爽約或臨時增帶或少帶伴侶，因為西餐不像中餐可以臨時增加或減少座位，所以當告知主人後，就一定得成行，也絕對不可以遲到。

✖ Black Tie，又稱為 Tuxedo。

2. 服裝

　　為客的基本之道，整潔的儀容（長髮女性應挽髮、男性應梳抹髮

✖ White Tie，又稱為 Swallow Tail，是最正式的服裝。

油或髮雕）；合適的穿著打扮（視請帖的規定，正式或非正式）；服裝的標準如下：

- White Tie，大禮服即燕尾服，又稱為「Swallow Tail」，正式國宴或隆重晚會，觀賞歌劇時穿著。

- Black Tie，小禮服（或稱為「Dinner jacket」或「Tuxedo」），晚宴最常穿的服裝。

- Suit，半正式，可以稍微休閒，但牛仔褲或 T 恤、運動鞋仍不宜。通常是下午茶的穿著。

ETIQUETTE COLUMN

男士衣服款式

　　大禮服（又稱燕尾服，Swallow Tail or Tail Coat or White Tie）上衣及長褲用黑色高級毛料。上裝前擺齊腰剪平，後擺裁成燕子尾形，故稱燕尾服。褲腳不捲摺，褲管左右外緣車縫處有黑緞帶。用白領結、白色硬胸式或百葉式襯衫，硬領而折角。白色織花棉布背心、皮革或棉質白色手套、黑色絲襪、黑色漆皮皮鞋。

　　小晚禮服（Black Tie 或 Tuxedo）上裝通常為黑色，左右兩襟為黑緞。褲子均用黑色，左右褲管車縫飾以黑色緞帶，搭配白色硬胸式或百葉式襯衫、黑色領結、黑襪子及黑色漆皮皮鞋。

　　西裝 (Suit) 打領帶、著白色長袖襯衫，搭配黑色鞋及黑色襪，上裝與長褲宜同色、同質料，顏色以深色為宜；夏季或白天可著淡色西服，如果參加正式晚宴，仍宜著深色西服。

資料來源：中華民國外交部，https://www.mofa.gov.tw/Upload/RelFile/2690/148016/%E5%9C%8B%E9%9A%9B%E7%A6%AE%E5%84%80%E6%89%8B%E5%86%8A.pdf

3. 準時

　　遲到是不禮貌的行為，應提前抵達會場附近，以免萬一塞車。但也不可太早出現在餐廳，約十分鐘前出現在大門口即可，不可早於主人到場，若在家裡宴客更不可早到，曾任駐日代表及外交部禮賓司（今禮賓處）司長的馮寄台在他所著的《他比總統先到》一書中，提到許多外交使節聚會的趣聞，其中有一則關於準時赴宴的故事，某國大使在官邸宴客，時間一到，停在路旁的所有車門都同時打開，令人印象深刻。

4. 座次

　　進場後按照已排定座次表入座，不可隨意找位子或自行調換座位；除了與熟識的朋友話家常外，也應主動認識新朋友，與人聊天。中餐與西餐對於安排座位最大的差異，就在於中餐會將熟識的親朋好友安排在同一桌，例如新郎的同學或朋友、新娘的同學或朋友，讓熟識的朋友再次感情交流。西餐則會刻意安排不認識的陌生人坐在左右兩旁，因為他們認為宴會應該是很好的社交場合，要利用機會認識更多的新朋友，拓展人脈，所以這是很大的不同，國人要適應不同的價值觀念。

5. 主賓

　　中餐與西餐對於安排主客座位也有很大的不同，中餐的主客夫婦的座位，剛好與主人相對而坐，越靠近主人的座位，輩分越低，離主人越遠輩分較高，主人的座位通常都安排在靠近門口，但是若主人的輩分是會場內最高的，則改坐在最裡面的首位。西餐則是男士與女士分開坐，男女主人分開來坐在正對面，他們各自的右邊都是主賓座位，男主人的右邊是女主賓、女主人的右邊是男主賓，離主人越近的座位則輩分越高。

6. 禮物

　　應否攜帶禮物赴宴，原則上，若是在家中宴客，則建議攜帶禮物前往，禮物不必太貴重，以食品類為最佳選擇，如一瓶酒、蛋糕或巧克力等，一束鮮花或盆花也是頗佳的伴手禮。若贈送必須當日食用完畢的食物，最好先詢

問主人的意見。如果宴會地點在餐廳舉行，則不必攜帶任何禮物前往，因為此舉只會徒增主人無謂的麻煩，送完客後，還要張羅車輛運送禮物回家，所以輕鬆赴約即可。

7. 談話內容

談話主題避免會引起意見立場不同的內容，如政治選舉、環保、全球化、核能、政黨等；應以大家都有興趣的主題為佳，如美食、運動、旅遊、電影、藝術等柔性話題，若在餐宴中爭得面紅耳赤，留給主人難以收拾的場面，並非好客人的行為表現。

宴會過程中，不能因藉口「個性內向」或「不善言詞」，而整晚「埋頭苦幹」只顧著吃菜而不與鄰座交談，如此行為看在主人眼裡，大概就列為不受歡迎人物。亦不可在餐桌上接聽行動電話，絕對不能在餐桌上對外撥打電話，行動電話務必關機或改為震動，宴會後再回電；若真有急事必須接聽行動電話，也要離開座位到較遠處接聽。

8. 告辭

天下無不散的筵席，當主人宣布宴會結束時，或女主人將餐巾布放置在餐桌上時，客人要識趣地起身告辭，不可因歡樂氣氛而久留，若真還有談不完的話題，應互留聯絡方式，擇期再敘。

9. 謝卡

回家後應立即手寫一封誠懇的謝函，郵寄給主人，感謝豐盛的招待與用心安排的盛筵，寫謝函的舉動，在國外社交習以為常，但國內較少見（實際上我國古禮有記載，只是禮失久矣），應該恢復此一優良的習慣。若嫌寫謝卡太費事，餐宴後專程撥電話向主人道謝，也不失為變通的方法。

日後若有適當機會，也應回請，禮尚往來互增情誼。

ETIQUETTE COLUMN

宴會上不可以出現的行為

　　飯後不可在餐桌上使用牙籤，也不可以要求餐廳提供牙籤。當異物殘留在牙縫時，必須回家後再行處理，歐美國家的人通常用牙線 (floss) 剔牙，很少使用牙籤。

　　飯後打一個飽嗝，是國人經常有的行為，但西方餐宴，認為打嗝就像是用嘴巴放屁，非常不禮貌，要自行控制與避免，若萬一控制不了而打嗝，要說一聲「Excuse me」。

　　餐前要先到化妝室將口紅卸妝（拿一張面紙，輕輕含在雙唇間，再抿一下，口紅就會卸掉許多）。但是餐後絕對不可坐在餐桌旁，拿起各式化妝品，如粉餅、腮紅、口紅，就開始補起妝來，那是非常不禮貌也會被誤會職業的行為，若一定要補妝，請到化妝室進行。

餐飲篇

第三節　座次安排

1. 西餐

　　西餐的座位通常會由主人親自安排，千萬不可以自行私下調換，因為餐宴在西方人的觀念裡，視為一種正式的社交活動，主人會刻意安排新的朋友與你認識，所以應該大膽地去認識位在你左、右的新朋友。

　　西餐多採長方桌或橢圓桌，從西洋歷史中可得知此一風俗由來已久（男主人位置靠門口；女主人位置靠廚房門口），剛開始會不習慣，假以時日後便能駕輕就熟，國際社交禮儀都是夫妻二人共同出席（但不會坐在隔鄰，通常會分開就座），因此安排座位都是雙數，基本上，長方桌或橢圓桌的兩端都是「主位」，主位的右邊是主賓。

西式餐桌最忌諱男性坐一排、女性坐一排，有如開辯論會般的嚴肅，如此安排也極為不禮貌，表示主人不夠用心；餐桌座次應安排男女交錯坐。

關於桌次的安排，長方桌可以加長，盡量以一長桌為原則，若因賓客眾多時要分成二桌，則男主人、女主人各坐一桌，負責招待事宜。

如何決定何人為主賓，參考原則是Position（社會地位）、Political（現實情況）、Personal relationship（人際關係）三種條件。

2. 中餐

國人對於座次總是出現「辭讓」的習慣，在餐廳中常見的一景，就是賓客相互承讓座位，推來讓去，不但浪費大家的時間且場面顯得混亂，最好的方式就是主人事前費心安排，賓客依照主人的規劃就座。

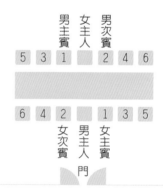

✚ 西餐座次圖。

中式餐桌以圓桌為主，男女主人併坐位於門口，男左女右，男女主賓坐於主人正對面，亦採男左女右，越靠近主人位階越低。

但若主人為年高德劭者，或地位尊崇者，座次安排則採主位由主人坐，主賓坐在女主人右邊第一位；第二主賓坐在男主人左邊第一位，餘類推，距離主人越遠位階越低。

至於桌次的安排，主桌靠房間的裡側，離主桌越近者位階越高，離主桌越遠者位階則越低。若只有兩桌則考慮第二桌也要安排有第二順位的主人，以方便招待客人。

❖ 西餐的座位。　　　　❖ 大型宴會入口。　　　　❖ 改良式的日本宴會座位。

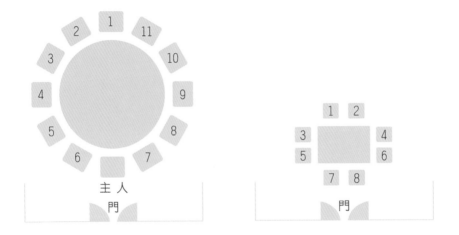

❖ 中餐座次圖。

餐飲篇

第四節　中餐原則

1. 服務的特色

客人陸續到達時，服務人員必須奉茶及飲料，讓客人在飯前先喝杯茶順口。

問用餐時間，主人點完菜時，服務人員須先詢問用餐的時間，以便控制出菜的速度，不能讓客人等待。

倒酒與飲料，待客人入座後，酒與飲料就必須在還沒上菜前先倒好，以方便客人與主人能夠馬上舉杯敬酒。

若沒有服務人員協助分菜餚時，自己取菜，要預計一下每個人的分量，寧可少取一點以免不夠分配，事實上骨盤很小，一次取太多會放不下，也不太美觀。等全部客人都已經把菜取完第一回合後，才可以再取第二回合，不能因自己喜歡吃就全掃光。

2. 器皿的應用

(1) 筷子：在筵席中，筷子的代表性也很重要，分公筷及私筷，公筷是大家共用的，私筷是私人用的器具，絕不能用私筷來夾大盤裡的食物，這是很沒禮貌及衛生的行為。免洗筷子拆開後不可摩擦，或用手夾住互搓，不可以拿著筷子比手畫腳。

(2) 碗與筷的拿法：用單手拿碗總是比較不穩，所以先用雙手將碗拿起，然後左手托著碗，再用右手提筷。提筷方式，先用大拇指將筷子推平，然後虎口朝前將筷子提起，用左手小拇指或無名指夾住筷子的中段，右手滑下，中指頂開筷子就可取食。

W.A.

⊠ 中餐與西餐喝湯時，湯匙的拿法有所不同，但喝湯時絕不可出現聲音，圖為西餐的拿法。

3. 上菜順序與菜餚

(1) 冷盤：冷盤又稱為冷碟、冷葷、涼菜或開胃菜…等。具有開胃佐酒之功效，需要開席前放置在餐桌上，數量可以是一盤、兩盤、三盤等數量，沒有一定的限制。一般的冷盤造型優美，色調豔麗，層次多變化，圖案立體逼真，是為了讓顧客增加食慾，宴席中的冷盤一般多為什錦拼盤、花色冷拼、雙拼、三拼等。

(2) 熱炒：熱炒可稱為熱炒或熱葷。餐廳通常提供二至四道熱炒，熱炒的口味變化多端，造型引人入勝，可以用來配飯或飲酒，多以煎、炒、烹、炸、爆等烹調方法製成。

(3) 大菜

- 乾貨類：食材有魚翅、海參、鮑魚、干貝等，常見的有大燴海參、原盅排翅，但近年來，因動物保育的觀念興盛，這些菜餚均被取代。

- 海鮮類：蝦、蛤蠣、花枝、蟹肉等，常見的有鳳尾明蝦、鮮燴三鮮。

- 禽肉類：以雞、鴨、鵝、鴿為主要材料，在宴會菜單中常見的有八寶全鴨、香酥乳鴿。

- 畜肉類：以牛、羊、豬為主要的材料，常見的有紅燒蹄膀、燒牛腩、炸里肌等。

- 蔬菜類：以蔬菜或豆類製品為主要的菜餚，三色白菜、蠔油三菇等。

- 鮮魚類：以海魚或淡水魚為主要的材料，魚類殿後的原因是取音年年有餘之意，希望藉此有吉祥氣氛。

(4) 甜湯：每當吃完一頓豐盛的佳餚後，若能喝上一碗甜湯，一種通體舒暢的感覺，畫上完美的句點，實在是人生的一大享受。

(5) 點心及水果：一桌筵席可配兩道點心，點心可分兩種一種是甜點心，另一種是鹹點心。筵席最後都有水果，因為水果有解膩、幫助消化及解酒等作用。

- ビジネス礼儀作法マニュアル・ビジネス・スキル研究會編著（東京：小學館株式會社，1998年，初版二刷）ISBN: 4-09-310208-2

- 他比總統先到，馮寄台著（臺北：聯經出版公司，2001年，初版）ISBN: 978-957-082-250-2

- 西餐禮儀實用新知識：你的氣質就在餐桌上，陳弘美著（臺北：麥田出版，2004年，初版）ISBN: 978-986-741-313-0

- 美酒佳餚，陳忠義著（臺北：遠流出版社，民86年，初版）ISBN: 978-957-323-142-4

- 餐桌禮儀，白川信夫著；廖誠旭譯（臺北：躍昇文化出版社，民81年，初版）ISBN: 978-957-630-192-6

- 餐桌禮儀輕鬆學，村上一雄著；王倩雯譯（臺北：非庸媒體集團，民87年，初版）ISBN: 978-957-833-917-0

- 禮儀寶典，鄭麗園著（臺北：智慧事業體，民89年，初版）ISBN: 978-957-309-713-6

餐飲禮儀－中餐禮儀

古云「飲食，所以合歡也」。國人的飲食行為，兼具物質層面與精神層面的交融，無論是古代廟堂之上的祭祀饗宴、農村鄉野的廟會活動，到今日的國際邦交或民間社交活動、商務開會，一般喜慶等，都很難抽離「飲食」而單獨進行。

尤其工商業發達的臺灣，國際往來頻繁，幾乎各種人際關係、政治、經濟活動等往往藉由飲食來達成或催化，在杯觥交錯間進行情感交流，促進了群我的情誼；然而在享樂的過程中仍須有行為準則，才不失一個現代人的基本禮儀。

中式的餐飲服務，最大的特色就是奉茶，客人陸續到達時，服務人員必須奉茶及飲料，讓客人在飯前先喝杯茶順口。接著詢問主人用餐時間，主人點完菜時，服務人員須先詢問用餐的時間，以便控制出菜的速度，不能讓客人等待。緊接著倒酒與飲料，待客人入座後，酒與飲料必須在還沒上菜前先倒好，以便主人與客人能夠馬上舉杯敬酒。

◎ 餐具的使用

1. 擺飾

入座後，每人面前的餐桌上擺設有一只骨盤，上面放置摺疊成型的餐巾布，骨盤右邊放置筷架，右有一雙筷子與一支湯匙；骨盤左方則有溼紙巾或毛巾。調味料小碟子在左前方，飲料杯的位置與西餐的擺放相同，均在右前方。

❖ 個人使用的中式餐具。

37

2. 骨盤

骨盤主要用來放置分裝菜的小盤或碗，或是將骨刺殘渣置放於上，而非將菜夾入骨盤內當菜盤使用。餐巾布平鋪在大腿之上，作用是承接不小心滴落的食物和湯汁，不能掛在脖子前當圍兜，或繫入腰褲間當圍裙。

3. 溼紙巾

若溼紙巾或毛巾用塑膠套封住，請用雙手輕輕將塑膠封套撕開，不可擠壓空氣使之破裂發出聲響，或用掌心擊打塑膠套，這是粗俗不堪的行為。毛巾和濕紙巾只能用來擦拭手指、抿嘴角四周。餐巾布的使用方式是，拿起一角輕輕擦拭，用後要將髒汙處折向內。

4. 旋轉盤

中式餐桌最大的特色就是桌面上還有一個旋轉盤，轉動時應為順時鐘的方向，在旋轉前應確定是否有同桌賓客正在取菜，若有人正在夾菜，應等待結束後再轉，避免造成他人不便，也可輕輕轉動旋轉盤恰如其分為他人服務。其他需注意的事項有：

- 每次夾菜時份量要適中，不可因喜歡這道菜而多取。
- 若第一輪已輪完，尚有剩餘，可以再取，但不可全部搜括。
- 遇到自己不喜歡的菜餚，可直接告訴下一位賓客，請他取用。
- 若進食速度較慢，還有上一道菜尚未吃完，請下一位賓客先取，可等第二輪時再夾菜，不要堆積菜餚在盤內。
- 若有供應公筷母匙或公用刀叉，一定要使用；放回時，需注意不可超出旋轉盤外，避免碰倒飲料杯。
- 取用各式菜餚，先取靠近自己的部分，不要破壞盤中的裝飾或美觀；更不可以翻攪菜餚挑三揀四。
- 不可站立夾菜或舀湯，離自己遠的菜餚等靠近時再取。
- 調味料若在他人面前，可請他人代拿；不可伸手到他人面前拿取調味料。

Part 2

- 轉動的力道不可過強或轉速太快，避免湯汁濺出，宜緩慢優雅。

- 盡量不幫他人夾菜，避免引起反感。若要表現好客，絕對不能用自己的筷子幫他人夾菜。

- 別人正在轉動旋轉盤時，千萬不可將之立即停住，會引起他人側目或誤會。

- 千萬不能將自己的骨刺殘渣倒入旋轉盤的空盤子內，即使餐廳的服務人員有此舉動，主人應婉拒，避免影響客人食慾。

- 為表示禮貌，當自己取完菜後，應幫下一位客人轉一下旋轉盤、將餐盤轉到他面前，這是一個體貼的小動作。

5. 筷子

　　雖然國人從小就拿筷子進食，但是筷子的使用有許多禮儀宜注意，最常見到不合宜的動作，就是右手拿筷子，左手拿湯匙，一付「左右開弓」的架勢；另一個就是右手已經拿著筷子，卻又拿起湯匙喝湯，一付「怕吃不到」的樣子。

　　筷子的正確拿法是，食指按住筷子中間部位，拇指繞到下面扣住，利用食指、中指和拇指的力量將筷子夾住，小指頭不可往外翹。高度應在整雙筷子的中央偏上位置，握得太高或太低都不雅觀，能優雅使用筷子的人，是有良好教養的人。

　　進餐過程中，暫時放下筷子時，要放在筷架上；若無供應筷架時，也不可放在盤子上或湯碗上，而應將筷尖朝前縱向擱在骨盤右側。使用筷子的禁忌有：

- 不可將筷子插在碗裡。

- 不可將筷子含在嘴裡。

- 不可用筷子當傳遞食物的工具。

W.A.

❖ 日式餐與中式餐的筷子，擺放的位置不同，圖為日式餐的筷子擺放法。

- 不可用筷子指著他人說話。
- 不可將筷子當成牙籤使用。
- 不可用筷子當叉子來戳菜，特別是滷蛋。
- 不可用筷子在菜餚中攪動尋找目標。
- 不可將筷子懸在半空中，思考如何下箸。
- 夾菜後不可沿途滴落湯汁，若有湯汁的菜，應用小碗上前承接。
- 不要用自己的筷子幫他人夾菜，若需要夾時，應用公筷夾菜。
- 不可將筷子晃動；或一手握筷一手托住腮幫子。
- 不可用筷子來移動碗或盤子。

6. 湯匙

中菜的湯匙用來喝湯，也用來盛舀湯汁或菜餚。喝湯時先將湯舀到自己碗內，不可以碗就口，應該用湯匙由外向內舀湯就口喝，喝湯時絕對不可以出聲音。有些湯無法從其外觀判斷溫度，為避免燙傷，建議舀湯時，第一口最好舀少一點，以測試溫度。

喝到剩下一些湯汁時，可以西餐禮儀的方式，利用左手將碗往前傾斜，讓湯汁集中在前方，再舀湯來喝。切莫直接拿起湯碗就口喝，喝完後，湯匙不可放在空碗內，應放置在筷子旁。

拿取湯匙的方法是，以右手食指、中指、拇指輕按手柄尾端，由外向內舀；若是當輔助筷子盛菜用時，則以左手持之。不可用同一隻手同時拿筷子又拿湯匙，喝湯應先將筷子放下。

吃麵條或吃小籠湯包時，可以右手持筷、左手持匙來輔佐，避免湯汁滴落。

7. 碗

中式餐飲配備有碗的使用，無論是大的飯碗或小的湯碗，拿碗的方式皆同，大拇指放置在碗的上緣，中指扶在碗底部，其他三根指頭輔助支撐碗底，切莫以手掌托住碗底，或將碗放在桌上，以口就碗趴著吃飯。

無論吃飯或喝湯，都應以碗就口，細嚼慢嚥，動作優雅。

8. 酒與飲料

餐桌上，酒與飲料是不可或缺的要角，酒杯與飲料杯置放於右邊筷架前方，中餐習慣喝酒或飲料時，喜歡邀請別人共享共飲，達到感情交流的目的，但卻演變成不雅的「拼酒」習俗，自己先乾為敬亦強迫他人也要乾杯，或常因喝酒而鬧得不愉快。因此，期盼能改變「拼酒」的中餐文化，可邀人共飲，但不能強迫他人乾杯，即使不喝酒也不宜將酒杯藏起來或倒蓋。

主人與客人皆可以為他人斟酒。在座者無論年齡或位階，若皆大於自己時，應主動為其他人斟酒。要斟酒的對象，座位離自己太遠時，應站起身來幫忙斟酒，一味地伸直手是不雅的動作。

餐廳皆會提供飲料與酒類，主人應事先與餐廳服務人員接洽確定種類，通常主人忽視這個環節，總是等客人上桌後，才詢問客人要喝什麼？這是不夠貼心與禮貌的行為，酒與飲料應與菜單一併考量。

若自行攜帶飲料或酒類，也要讓餐廳知道，因為需請服務人員協助服務，餐廳要酌收服務費用，此為餐廳的常規，需尊重餐廳的服務。

臺灣的餐宴不注重何種菜餚應與何種酒類搭配飲用，經常可見餐桌上出現啤酒、紹興酒、高粱酒，甚至葡萄酒、威士忌、白蘭地混雜交叉亂喝，總以為昂貴的酒就代表主人的誠懇心意，實際上，這種喝法實在不登大雅之堂，也代表主人不用心。中式餐宴應以國產酒來搭配較合宜，其中以紹興酒作為餐中酒較合宜。

在臺灣享受各地菜色是一大享受，但是餐飲文化未能隨國民所得提升，則為外國人無法認同的事，相信大家只要有參加過大宴小酌的經驗都知道，無論裝潢布置得何等高級、器皿杯盤用得何等精緻，只要酒酣耳熱之後，

❖ 在臺灣最常見的新人敬酒的場面。

整個餐宴會場總是人聲鼎沸，餐宴結束時一定杯盤狼藉，好像這樣才像「賓主盡歡」的圓滿結局。期盼未來我們的餐飲文化能夠進步到更高的境界，不要拼酒不要灌酒，以品嚐菜餚與輕聲細語交談為目的，共同努力來實現。

❊ 何種菜餚搭配何種酒，西餐有嚴謹的規定。圖為放置在橡木桶中的紅葡萄酒。

05
Chapter

餐飲禮儀—西餐禮儀

第一節　服務特色

　　西餐除了可以享受到異國風味的美食外，最令人感到舒服暢快的事，就是能夠享受細緻的個人服務，因此請謹記不要插手服務人員的任何工作，只要專心享受美食及進行社交工作即可，服務的事就交給服務人員去執行，如果有不懂的事項或需要幫忙的時候，更要記得請服務人員協助。

1. 領檯人員

　　走進餐廳，報上參加宴會的名稱或主人的大名，領檯人員就會直接將客人引導至宴客廳，不須慌張或自行尋找宴會廳，只需聽從領檯人員的帶位。

2. 拉開座椅

　　到達餐桌前時，服務人員會先幫女性客人拉開座椅，並協助就座，再幫男性客人服務，此時應稍安勿躁，耐心等候協助入座，自己拉開椅子雖然可減少等候時間，但會被認為沒見過世面，進入座位的方向為「左進右出」。有些場合最好由男士為女士服務，表現出溫柔體貼的心意，也能展現紳士的優雅風度。若是參加正式的餐會，通常男士要為其右邊的女士服務，拉和推椅子的時候，請以雙手來進行，並以膝蓋輔助。

3. 放置包包

　　女性赴宴通常會攜帶手提包，手提包最正確的放置位置，是在右腳邊的地上；若手提包體積不大，可放置在腰背部和椅背之間。包包等私人物品切忌放置於餐桌上（男性的行動電話、香菸盒、打火機亦同），手提包絕不可以勾掛在椅背上方。

❖ 男士主動為女士服務，拉出座椅並請其入座，是具紳仕風度的優雅表現。

4. 坐姿

就座後，身體應與桌緣保持二個拳頭的距離；整個臀部可以舒服坐滿椅子，但腰桿一定要挺直，不可彎腰駝背或翹腳。別將手肘支靠在餐桌上用餐，兩手應懸空於桌面上。女士若穿裙子則要兩個膝蓋靠緊在一起，如此儀態自然優雅端莊。

5. 餐巾布

餐巾布無須自己親自動手鋪放，服務人員會判斷時機，將原本放在桌上的餐巾布對折平鋪在你的大腿上。若自己動手，千萬不可將餐巾布當圍兜掛在胸前，或當圍裙繫入褲腰之內使用，是非常不禮貌的行為。

6. 召喚服務人員

資深或訓練有素的服務人員會主動地協助客人，如水杯缺水、果汁杯或酒杯的補充，以及不慎掉落餐具、器皿，皆會主動前來撿拾，若萬一服務人員未發現，你可以悄悄通知，不必也不可以自己彎腰撿拾掉落的器皿。

有事召喚服務人員時，不能開口大喊「Waiter」或叫「喂」，應待服務人員走近時，以眼神示意，或伸出手掌，掌心向上微微搖動四根指頭即可。

如果不知道如何使用擺放在桌上的一大堆器皿餐具，而誤用其中一支刀或叉或湯匙，不知所措時，可悄悄召喚服務人員為你補上。甚至有經驗的服務人員，見狀會默默為您補上餐具，讓你免於尷尬。

第二節　餐桌擺飾

初次接觸西式宴會的人，面對一桌大大小小的餐具、器皿時，真的會心生恐懼，深怕動輒得咎，又擔心出洋相而無法心情愉悅地享受一頓真正美食，甚為可惜。其實西餐餐具的使用並不難，而且有規則可以遵循，認識清楚用途後熟能生巧，介紹如下：

常見的簡易西餐餐具擺設。

　　擺在座位面前正中央位置的是一個服務盤（又稱「骨盤」），在盤的右側擺的是刀，左側是叉子，而各式的刀叉皆依開胃菜、魚、肉的順序，分別由外排向內側擺放，依序每次各使用一把，其使用順序是由外向內拿取。

　　湯匙則擺在刀子的最右方，湯匙只能用於喝湯，喝湯時由內往外舀，送入嘴巴內，切莫發出聲響，切莫移作他用。

　　吃甜點、水果或咖啡的餐具，則放在盤子的正前方。但有些會隨著食品一起附上，視當時的情形而定。

　　麵包盤和塗抹奶油的刀，置於叉子的左邊或是左前方，放奶油的小碟子也是在左側，講究的場合是每人一個，有的則是幾人共用一碟奶油。

　　酒杯、水杯並排於右前方，有時不只一個杯子，依水杯、香檳、白葡萄酒、紅葡萄酒的順序，由左向右排列。

　　服務人員是從左邊端上菜，由右邊撤掉食畢的餐盤用具；斟飲料（水或酒）則從座位的右後方來進行。以上所列舉的餐桌器皿的擺設，是大體共通的原則，有時也會因菜單內容和酒的種類而有所變化，記住基本的排列方式，再視臨場實際情形加以應用。

✖ 骨盤的右邊擺放刀與匙。

✖ 骨盤的左邊擺放叉。

✖ 點自己喜歡的麵包，可以用手比或直接點，但絕不可以自己用手拿。

餐飲篇

第三節　餐具語言

　　客人與服務人員之間的互動，全靠「餐具語言」來溝通，藉由不同的餐具擺放方式，來表達不同的意義，關於這一點千萬不可弄錯，免得「詞不達意」與原本期盼不合。有兩項最基本的「餐具語言」工具，就是餐巾布與刀叉。

1. 餐巾布

　　席間中途要暫時離開，可將餐巾折合起來輕掛在座椅右扶手或椅背上，以上是較常使用的位置，若是將餐巾放置在餐盤上或桌上時，則表示已經要離開會場了。通常宴會結束時，都要等女主人先將餐巾布放置在餐桌上，客人才可以跟隨同樣動作。

✖ 當吃完盤中菜餚，要將刀叉橫放 45 度，注意叉尖朝上，表示可以收拾餐盤。

2. 刀叉

　　刀叉的使用亦然，如進食中休息或與其他賓客說話，暫時停止用餐時，可將刀叉擺成「八」字型來表示，但要注意刀鋒部分要向內側，叉尖要向下，若此時盤內仍有菜餚，服務人員也不會取走；若已吃飽或不想再吃時，可將刀叉並排斜放 45 度於餐盤上，刀鋒要向內側，叉尖要向上擺，服務人員見狀後就會收拾餐盤。

第四節　器皿應用

　　西餐的餐巾布可以用來擦拭嘴脣上的油漬，用法是拿起餐巾布的一角，輕輕按壓嘴角四周即可，不可太過用力或有太過誇張的動作，擦拭時動作宜緩慢優雅，不必太引人注意，最忌諱拿餐巾布來擦汗、擦臉、擦桌面和餐具（拿餐巾布擦拭餐具的動作，被視為對餐廳或主人的極大侮辱）。擦拭過的餐巾部分需稍作折疊，汙髒的部分不可外露。

刀子的拿法是手掌握住刀柄，拇指按著柄側、食指則壓在柄背上。小指頭莫往上翹，女性尤其要注意。使用刀子時要握緊，不要讓刀子滑動碰撞到盤子而發出聲音。

叉子是刀子的輔佐餐具，有時也可單獨使用來進食，如吃沙拉時可以只用右手來持叉子，否則都應利用左手持叉子；持叉子時，叉背要往下，以拇指、食指按柄上，其餘三指支撐柄下方，拇指和食指要按住柄部中央位置。

刀和叉的應用有一些小技巧，切割各種食物時，以叉先按住食物，每次切割以能一次入口的大小為原則，利用拉回的力量來切割，姿勢要優美，要特別注意兩肘不能張開。另一種刀與叉的搭配是，集中菜餚於叉子上，如豆子和米粒等細小菜餚，利用刀子聚集於一處，再推盛到叉子上，此時叉背可以向下，較容易盛裝，但真正的禮儀，仍是要用叉背部分來盛裝。

用餐過程中，暫時休息時可將刀與叉擺放在盤緣，呈現類似「八」字型。

用刀子將食物送入口，被視為不懂飲食禮儀的人，絕對禁止這種危險鄙陋的動作，用舌頭舔刀刃上的調味醬汁也不可發生。進食中不能拿著刀叉指著別人說話，這是一種挑釁的惡意行為，要講話時，先將手上的刀叉暫時放下。

無論是何種菜餚，肉、魚、蔬菜、水果等，每次切割都只能剛好是一口的大小，太大或太小都不適宜，吃完一口後再切第二塊。而肉或魚更不可一開始便把食物全部切成小塊，這是不合禮儀的。

餐飲篇

第五節　上菜順序與菜餚吃法

1. 開胃菜

　　開胃菜除了鹹餅乾（上面可加鵝肝醬、魚子醬等）或小三明治或魚子醬吐司可以用手拿取外，其他各種開胃菜都要用刀叉。

　　若宴席上有主賓，應待主賓開動後再進食，但基本上西方強調個人主義，又是坐長桌，自己的菜餚上桌後，隔鄰的客人也準備開動時，就可以開始，不必等所有人的菜餚通通擺好再開動。其次，較遠處的調味料可請他人代拿；各種醬汁佐料可依自己的喜好添加；擠檸檬汁時要小心勿四濺，淋各種佐料要置於盤子的空白部分，不可直接淋在菜餚上。

　　吃特殊的食物時，會附上專用的器具，要懂得善加利用，如吃生蠔有專用叉子；法式焗蝸牛則必須利用專用的鉗夾住蝸牛殼，再以專用叉將肉取出；吃裝在玻璃杯內的開胃菜時，要用手固定住玻璃杯。

2. 生菜沙拉

　　蔬菜有兩種，一種是附在魚或肉食物盤子上的蔬菜，另一種是以沙拉呈現的蔬菜，這些蔬菜一般都是生的，但配菜和主菜仍應交互進食，不但襯托主菜的風味，且能保持營養均衡。

❌ 生菜沙拉，須使用刀叉將生菜切割成小塊再食用。

　　沙拉也是西餐的重頭戲，沙拉需冷食才能品嚐其美味；淋醬汁應配合沙拉的量；生菜沙拉可以只用刀與叉子進食；不好處理的蔬菜葉，可以在大盤子上切割。

3. 湯

　　喝湯時用右手輕輕握住湯匙，如同拿鉛筆般即可，重心要適中。西方喝湯的方式和

❌ 餐前湯，應拿起湯匙由內向外的方向舀。

中式有很大的不同，湯匙要橫拿，由內向外往前舀起，略為傾斜以前端附近靠近嘴邊，然後送入口中，不可發出任何聲音。喝湯時，左手扶住盤緣，右手舀起湯後，湯匙底部要先在盤邊輕擦一下，避免湯汁滴落。湯不要舀太滿，且無論多燙都不能用口吹涼，更不可攪拌。可利用左手扶湯盤微微往前傾斜，以便將剩餘的湯汁品嚐完；若裝在附有把手的碗杯內，可以直接用雙手拿起來以碗就口喝。喝完湯時，可將湯匙橫擺在靠外側的盤子上。喝湯時可酌量加入黑胡椒粒粉或 cheese 粉，但不宜一次加太多。

▉ 有雙耳的湯碗　最後可以拿起來喝。

喝湯時有一個禮儀是，為了對在廚房費心烹調的大廚師傅們致上崇高的敬意，湯端上桌以後，必須在不加任何調味料（鹽巴、黑胡椒粒粉或 cheese 粉）之前，品嚐最原味最經典的湯頭，之後才可以添加調味料，若能夠不添加的話，當然更好。

4. 麵包

麵包的供應，通常與湯同時上桌，由服務人員站在客人左邊讓客人自行挑選，分量不宜過多。義大利餐廳的麵包是用布巾包起來，客人可自行切割。

▉ 喝湯時絕對不可以出現聲音，要小口小口慢慢品嚐。

麵包盤與奶油盅置於左邊。吃麵包不能整塊麵包拿起來咬，要用手撕成一小塊，右手拿奶油刀塗抹奶油，將奶油刀放回盤內後，才能享受麵包。在法國餐廳吃麵包要沾湯享用，且要留下一小塊麵包，等湯快喝完時，拿著這一小塊的麵包，將湯碗裡所有的湯汁擦拭得乾乾淨淨，然後再送入嘴裡品嚐。

餐飲篇

5. 主菜

西餐主菜若是肉類，吃法有幾個大原則要掌握，一定要先將一口肉吃完吞下後，才能再切一塊肉。若是帶骨的肉則要先把骨頭切開；吃串燒的烤肉時，要先取下金屬串，將肉置於盤中；不管何種肉都不可用手抓；油脂部分可取下不吃；切牛排要縱向切。

海鮮包括魚和龍蝦等，魚的進食原則為魚肉不可以翻面，先吃上層魚肉，再將處理好的魚骨移開，繼續吃下層的魚肉；口中的魚刺可以用手拿出來放在骨盤裡，但要記住拿餐巾布來遮掩。沒魚刺的魚肉，則由左至右切一口大小；龍蝦或其他蝦類不可用手剝，要用刀叉先將蝦肉全部取出再吃。

❖ 牛排送上桌後，要切成一小口，吃完後再切下一塊，不可全部切好再進食。

❖ 通心粉或義大利麵，要利用叉子與湯匙一起配合來食用。

6. 水果

水果的種類繁多，且每種的切割方式皆不相同，但有一共通原則是，不可以用手拿著吃，學會各種水果的吃法，才能從容優雅地享受水果，如果真不知道如何吃或很難處理的水果，最好不去取用，以免鬧出笑話。

香蕉要先用刀叉去皮，然後切成一口、一口吃；哈蜜瓜或木瓜要先用刀子在果肉和果皮之間劃開分離，再切一口大小來吃；蘋果先分為四等分，並除去果核，再切一口大小吃；葡萄以刀去皮，切成兩半來吃；葡萄柚先切對半，用刀劃開果肉和果皮，再以湯匙一瓣瓣舀出來吃。

❖ 飯後甜點的種類不一，有湯汁的一定要用湯匙。

如果宴會中供應的水果是從未吃過或看過的，最好先觀察女主人的吃法，再如法泡製一番。通常水果吃完後，會有洗指碗放置於左前方，洗指碗內都有裝飾，且只能放手指進去洗。

7. 甜點

甜點的部分，可說是西餐的另一精華所在，尤其是在品嚐完各種佳餚美味後，再來一客甜點，不但齒頰留香，還可幫助消化。起司也屬於飯後甜點的一部分，可以嘗試看看，風乾的皮可以留下不吃。三角型的蛋糕，要從尖角的部位開始吃。派和三角型蛋糕一樣，要用刀叉來吃。布丁或冰淇淋則可用鏟狀的小湯匙。

8. 咖啡、紅茶

咖啡或紅茶，可視個人需要來選擇，咖啡或紅茶均可以加糖和牛奶，紅茶也可單獨加檸檬片，攪動時動作要緩慢、優雅，糖和牛奶不可加過量。若在餐桌上喝時，則左手不必拿盤子。使用過的小湯匙需放在杯子前方的盤子上。

❖ 附餐咖啡，自行添加糖和奶精。

ETIQUETTE COLUMN

放寬腰圍喝咖啡吃糕點

「維也納咖啡」在臺北和維也納有什麼不同？答案是臺北的太花俏，喝不出咖啡的原味，而維也納的「維也納咖啡」只是一個咖啡泛稱，傳統的維也納咖啡，因咖啡與牛奶比例的不同，而有十數種不同的稱呼，如 Schwarzer 就是不加牛奶的黑咖啡，Brauner 則是加少許牛奶，而 Melange 則是咖啡、牛奶各半，維也納人最喜愛的咖啡是 Einspanner，是咖啡加上鮮奶油，另一種 Turkcher 臺灣較少見，又稱土耳其咖啡，用咖啡豆和砂糖加水，在長柄容器內煮沸，不過濾直接端上桌飲用。有家咖啡館更鮮，在 Menu 上乾脆以咖啡的顏

色來區分，從黑色一路排到淺棕色，客人只要看顏色點咖啡即可，一目了然，更絕的是，送來的咖啡顏色可以和 Menu 上一模一樣。

在維也納，沒有人是單點咖啡的，「咖啡文化」是包括糕點在內，每家咖啡館都有自豪且聞名的招牌糕點，奧國人熱愛糕點就如同熱愛音樂一般，嗜食糕點的影響下，身材趨於福態，精緻美味的糕點，真的會讓人既愛且怕。一趟咖啡館之旅下來，飽了口福也瘦了荷包！不過，說句實話，下次有機會去維也納，一定要放寬腰圍好好品嚐傳統糕點。

◎ 一般注意事項

- 事先預約

  國人聚會常有「即興式」習慣，若決定享用西餐，一定要養成預約習慣，與餐廳洽訂餐宴相關事宜，除日期、人數、價位外，連同菜單亦應一併商議。

- 請帖

  請帖可利用餐廳提供的空白卡或自行設計。

- 客人

  客人要注意穿著的規定，女性應化妝，但不宜戴休閒性帽子；男、女都可以擦抹香水，但不宜太濃郁的香味，絕對不可以遲到。

- 座位

  參加宴會，進入會場後，應按主人安排的座次入座。正式餐宴的座位，桌上都會放置寫著客人名字的桌卡。

  若家庭宴會或私人聚會，對於餐廳所安排的位置不滿意，可以要求餐廳服務人員臨時更換位置。

- 男士的體貼

  男士可以為同行的女士拉開椅子；若雙方都有服務人員服務時，男士應等女士坐妥後才坐下，男士要為右邊的女士服務。

- 外套處理

  在國外，室內提供暖氣，進入主人家或餐廳，在入口處就應將外套、圍巾、帽子、雨傘、手杖等交付主人或服務人員。

- 女士手提包

  不可放在桌上（男士用品亦同），可自備一個小掛勾來懸掛，或放置在腰部與椅背間。

- 卸妝與補妝

  女士用餐前應到化妝室卸口紅；餐後補妝亦應到化妝室，在餐桌上補妝是會被認為缺乏教養或特種行業的行為。

- 點餐

  當主人詢問點餐時，不可說「隨便」或「跟您一樣」，若有不懂可請教服務人員，不要刻意點最貴或最便宜的食物。

- 吸菸

  進食中絕對禁菸，吸菸應等到咖啡或紅茶送上才可為之，但亦應先徵求鄰座賓客同意才行，若坐在非吸菸區，請勿吸菸。另有高級餐廳在餐後提供雪茄或菸草，則另當別論。

- 打嗝

  西方人認為「打嗝」就是嘴巴放屁，絕對不可飯後就在餐桌打嗝，會引起強烈反感。

- 義大利麵

  吃義大利麵時，應右手拿叉子捲一些麵條，利用叉子切斷後食用，亦可用吸的方式進食，但絕對不能將長長的麵條晃來晃去。

- 披薩

  主菜是披薩時，一樣要以刀叉來取用，由三角形的尖角開始切割，不能用手取用。

- 交談

  餐宴進行中，要與鄰座賓客交談，話題應輕鬆、正向；嘴巴有食物不要開口說話，交談音量不宜過大，更不可拿著刀叉指著別人說話。

- 餐具掉落或破碎

  絕對不要驚慌，交由服務人員來處理即可，更不可自己彎腰下去撿拾。

- 餐巾布

  餐巾布在西餐禮儀中扮演重要角色，除了可用來輕拭嘴角四周的殘留物外，更為溝通的道具。輕拭嘴角後，要將髒汙部分向內摺。

  若暫時離開座位，可將餐巾布掛在椅背上或右邊扶手；只有離開餐廳時，才可將餐巾布放置在餐桌上，但不必特別摺疊整齊。

第六節　英式下午茶禮儀

　　「下午茶，是英國傳統文化的代表之一。」教英國文化的瑞貝卡・羅德 (Rebecca Lord) 教授指出，對傳統英國人而言，下午茶不只是在午餐與晚餐中間增加熱量的來源，更是家人好友一同聚會的重要時光。但華人也是喝茶的民族，英人與華人同為飲茶大國，其各具獨特的飲茶行為，代表著東、西方不同的飲茶文化。

　　英國人每天的生活已經與喝茶結合在一起，喝茶的名目何其多，從清早剛睜開眼睛，就要先來一杯「起床茶」，有錢人家會有僕人端到主人的床前供其享用，一般中產階級則是睡眼惺忪走到廚房，從自動泡茶機倒出第一杯茶，無論是王公貴族或是平民百姓，都要喝下第一口茶後，才會有精神。接著吃早餐時，一定會有一杯「早餐茶」，然後出門去上班。

　　上午 11 點鐘時，公務再繁忙，也得停頓幾分鐘啜口茶，人手一杯「11 點鐘茶」；中午午餐時，不用說茶是少不了的。但最重要的是，下午 4 點鐘一到，英國諺語「當大笨鐘下午敲四下鐘響，世上的一切，瞬間為茶而停

止。」即使天塌下來，也不能阻止英國全國人民暫停手邊的工作，一起來喝茶，這就是最著名的「下午茶」。回家後晚餐再來一次「晚餐茶」；就寢前還少不了一杯「好睡茶」，然後互道晚安。一天下來共喝了七次茶，而且每次都要使用新的茶葉泡茶，真正是以茶開始每一天、以茶結束每一天的生活。

英國人喝茶不到四百年，英式下午茶卻幾乎已經成為一種全球性的英國茶文化，不禁讓人佩服。英國人每天一絲不苟地重複著「喝茶」的作息規律並樂此不疲，至於各種名目繁多的茶宴、花園茶會，以及週末郊遊的野餐茶會，更是花樣百出。「英式下午茶」似乎已經成為英式典雅生活方式的一種象徵。在臺灣，有許多飯店附設的餐廳中，也附會風雅的提供英式下午茶，可滿足精神與心靈的調適，嘗試異國文化的新鮮感，在與朋友相聚的時光，不妨試試道地的英式下午茶，一同分享快樂的心情。

然而，國人對於如何享用英式下午茶的禮儀，常有不知如何是好的舉動，最常見的就是拿取了許多甜與鹹不同口味的點心，或是動作粗魯地攪拌牛奶與茶湯等。現今社會的多樣化與國際化，實在有必要瞭解如何享受英式下午茶。

一、下午茶的起源與種類

關於下午茶的由來，有很多說法，但總是從皇親貴族開始。最常見的版本，第一位開始喝下午茶的人應該是 19 世紀初期、維多利亞時代一位懂得享受生活的英國女爵安娜貝芙七世 (7th Duchess of Bedford)。安娜女爵常在下午約莫 4 點感到肚子餓，因為當時的午餐通常都很少量，而晚餐又大多到晚上 8 時才開始，因此女爵會請女僕準備一壺紅茶與些許的麵包或點心，作為果腹之用。

安娜女爵很喜歡享用紅茶與點心 (snack) 的過程，獨樂樂不如眾樂樂，便邀請其他爵位夫人共襄盛舉，同時也可以閒話家常。於是，這種悠閒、同時享受茶點的下午茶社交生活，就在上流社會流行起來。英國在取得了茶葉的控制權後，茶葉變得平民化，一般百姓也能夠喝到從遙遠東方的中國或印

餐飲篇

度來的茶，漸漸的中產階級也開始學習上流社會的時尚生活方式，一直到今天，已儼然形成一種優雅自在的下午茶文化，也成為正統的「英國紅茶文化」，這就是所謂的「維多利亞下午茶」的由來。

　　英國貴族賦予紅茶優雅的形象及豐富華美的品飲方式，下午茶對上流社會的名流雅仕而言，是一種享受生活的方式以及重要的社交活動，使用的餐具非常講究，而禮儀也極為繁複，更被視為社交的入門，時尚的象徵，是英國人招待朋友、開辦沙龍的最佳形式。享用下午茶時，英國人喜歡選擇極品紅茶，配以中國瓷器或銀製器皿，擺放在鋪有純白蕾絲花邊桌巾的茶桌上，並且用小推車推出各式各樣的精緻茶點。

　　但是英國是一個藍領和白領階級明顯的國家，從如何喝下午茶，就可以看出階級之別，藍領階級或鄉村農民而言，因為需要體力來從事工作，在兩餐之間需要食物來補充體力，因此下午茶最主要的功能就是要維持體力，好繼續接下來的勞動工作，High Tea 也是下午茶的一種，這種下午茶所搭配的點心種類較多，而且有肉類食物在內，例如沙拉、乳酪、肉捲、火腿，甚至還有炸魚，常是一壺茶配一些吃得飽的三明治或肉類，這種有肉類食物的下午茶視為正餐，熱量也較高，稱為 High Tea；對白領階級而言，下午茶主要以餅乾或點心搭配，是與家人朋友閒話家常共度時光的媒介，所吃的點心較為精緻、熱量較低，因此稱為 Low Tea。

二、英式下午茶的器具

　　就英國正式的下午茶來說，對於茶桌的擺飾、食具、茶具、點心盤等都非常講究，茶具包括瓷器茶壺（兩人壺、四人壺或六人壺，視招待客人的數量而定）、濾匙及放置過濾器的小碟子、杯具組、糖罐、奶油盅、茶匙、果醬刀（塗抹奶油及果醬用）、放茶渣的小碗、點心盤（有時不只一層，甚至會有三層點心盤），以及吃蛋糕的叉子、餐巾等。另外，蕾絲手工刺繡桌巾或托盤墊是維多利亞下午茶很重要的配備，再播放一段優美的音樂，此時下午茶的氣氛便營造出來了。

◎ 標準配備器具

1. 瓷器茶壺（兩人壺、四人壺或六人壺…視招待客人的數量而定）。

2. 濾匙及放置過濾器的小碟子（形式非常多，也非常重要）。

3. 杯具組。

4. 糖罐。

5. 奶油盅。

6. 三層點心盤。

7. 茶匙。

8. 個人點心盤。

9. 果醬刀（塗抹奶油及果醬用）。

10. 吃蛋糕的叉子。

11. 餐巾。

12. 一盆鮮花。

13. 保溫罩（茶衣或茶帽）。

❖ 喜波小館英式下午茶的配備器具。

三、英式下午茶禮儀

1. 喝下午茶的最正統時間是下午四點鐘。

2. 應穿著正式的衣服，現在每年在白金漢宮的正式下午茶會，男性賓客仍需穿著燕尾服、戴高帽及手持雨傘；女性則穿晝間洋裝，且一定要戴帽子。

3. 通常是由女主人著正式服裝親自為客人斟茶服務。客人絕對不可以自己倒茶；除非女主人無法親自為客人倒茶，不得已才由女僕協助，以表示對來賓的尊重。

4. 下午茶的專用茶葉為大吉嶺茶或阿薩姆茶、錫蘭茶等傳統天然原味茶，若是喝奶茶，則先由女主人倒茶後，再由客人自行添加牛奶，通常以伯爵茶

為主。（至於先加牛奶或後加牛奶，在英國已經爭論百餘年，筆者無意加入爭論）

5. 攪動時，要輕輕的攪，不可用力過猛或攪動得太快，使得紅茶濺出杯外。如果真是不小心濺出來，可以用餐巾紙擦拭，而擦拭後的餐巾紙，也務必要將它整齊的折好放置一邊，使用過的茶匙擺放在杯子前緣。

6. 喝紅茶要趁熱的時候喝，可以添加適量的糖、牛奶或檸檬片（二選一）。所以當服務生們端出所點的飲品時，記得要先詢問同桌的朋友是否添加，千萬別只顧著自己使用，也不詢問，這是非常失禮又糟糕的。

7. 喝紅茶時，通常會添加牛奶或是檸檬片，檸檬不要用手指頭擰擠，可以利用湯匙輕輕的放進去，紅茶的顏色逐漸轉淡，到了你認為適當的濃度時，再用小湯匙將它撈起來。

8. 有些人為了表示優雅，拿茶杯時會故意翹起小指，此一舉動在英國是非常不禮貌的行為，一定要避免。喝茶時，英國人喜歡一手拿茶杯、一手拿茶盤，筆者認為如果是坐著喝茶，單手拿起茶杯喝茶即可，但不能一手拿茶杯，另一隻手拿蛋糕或三明治。

9. 正統的英式下午茶的點心是用三層點心瓷盤裝盛，最下層放的是鹹味點心與小三明治，第二層放傳統英式鬆餅 (Scone) 以及抹在鬆餅上的果醬、鮮奶油，最上層則放蛋糕、餅乾或水果塔。

10. 一定要由最下層開始吃起，吃完最下層的點心，再吃第二層 Scone，最後才吃最上層的蛋糕、餅乾或水果塔，如果最下層的食物沒吃完，就已經開始吃第二層食物時，絕對不可吃回頭草。回頭吃下一層食物是被禁止的行為。

11. 傳統英國點心 Scone 的吃法是，先塗果醬（通常是橘子醬）、再塗鮮奶油，吃完一口、再塗下一口。

12. 用完下午茶後，將餐巾隨手放在桌上，不必為了表示禮貌而折疊整齊，這樣反而表示用餐非常不盡興。

第七節　酒的禮儀

西餐的宴會中，不但會以酒來搭配食物，甚至還有餐前酒、餐中酒和餐後酒的區別，有時放在桌上的杯子，即可能有四種之多。但所有杯子一律放在桌子的右前方，杯子都是用右手拿，服務人員倒酒時，也是從右側來進行倒酒。

移動杯子時要拿住杯子下方，如滑行般移動即可，想取較後方的酒杯時，要先橫移擺在前面的杯子，再拿後面的那只杯子。

喝葡萄酒或餐前的雪莉酒時，為不破壞酒的溫度，必須拿住高腳的腳部，避免碰觸杯身，拿酒杯不可翹起小指。喝白蘭地時，需要以整隻手掌包住杯子底部，以保持溫度，增加酒香。

杯口沾有口紅印或油漬時，可用大拇指擦拭，為使杯口不發生上述情形，在喝酒前應先用餐巾輕拭嘴脣。弄倒杯子時，不可大聲喧嘩，應保持鎮靜，作手勢請服務人員前來處理，你只要坐著不動就好，不要越幫越忙。

喝酒時絕不能發出聲音，且嘴內有食物時，絕不能喝酒，一定要等到所有食物吞下後，才能喝酒。

無論是主人或服務人員在幫你斟酒時，都不必拿起酒杯，放在讓對方好斟酒的位置即可。如果幫別人倒酒，注意只倒杯子的五分之一即可，不可八分滿，因為酒是用來品嚐而非拚酒用，而且倒太滿容易傾倒。酒杯空了且不想再喝酒時，待服務人員靠近，以右手微微遮住杯口即表示不需要再斟酒了。

喝葡萄酒有三大要訣，即先以眼睛欣賞色澤，繼之以鼻子聞其香氣，

❋ 通常都是由服務人員負責斟酒，主人與客人皆無須自己動手。

然後小口輕啜品嚐，讓酒香流動於舌頭與口腔間。葡萄酒配菜有一定的原則，即魚類配白葡萄酒，肉類配紅葡萄酒，而搭配次道菜所送出的酒時，前一道菜的配酒就不能再喝，而且杯中不能殘留酒液。在宴會進行中，千萬不可邀其他賓客乾杯或共飲，自己獨自拿酒杯品嚐即可，邀人共飲是不禮貌的行為，與中餐禮儀完全相反。

　　酒會或餐宴，「乾杯」只能由主人來宣布和主持，通常是在正式宴會開始之前，而且只有一次，乾杯儀式前會有人輕敲杯子，發出悅耳的聲音，主人會起立，右手持杯，左手拿餐巾。賓客不必起立，酒杯拿到眼睛高度位置，可和隔鄰輕碰酒杯或向眾人行注目禮，然後一口喝乾。通常乾杯時都喝香檳。如果進餐中想喝酒，直接拿起酒杯喝即可，不可以找人乾杯。

❌ 服務人員斟酒的分量。

1. **酒的種類**：(1) 餐前酒；(2) 餐中酒；(3) 餐後酒。

2. **服務特色**：當客人喝完酒後，倒酒通常由服務人員來服務，除非餐後酒，才是由主人來動手。

3. **上酒程序**

   (1) 餐前酒：雪莉酒、金巴利、苦艾酒、不甜的白葡萄酒或氣泡酒、雞尾酒。在餐前所用的酒通常以口味清淡的為主。

   (2) 餐中酒：紅肉（牛、羊、豬）搭配的是紅酒，白肉（雞、魚、海鮮）搭配的是白酒。

   (3) 餐後酒：由主人詢問客人想要喝的酒，一般來說都是較為濃烈的酒，例如白蘭地或是威士忌，喝餐後酒的地點，會移駕到客廳或是起居室，由主人為客人服務。

4. 酒杯的種類

(1) 紅酒杯：杯肚略大而杯口略為內收，通常比白酒杯稍大，杯口較寬一點，這是因為紅酒需要氧氣來活化它。

(2) 白酒杯：樣式和紅酒杯相似，通常稍微小一點，杯口也較小。

(3) 香檳杯：用來盛裝含有氣泡的香檳和氣泡酒，為了避免氣泡散失，通常用鬱金香型香檳杯，及杯型細長而杯口略為內縮的形狀。

(4) 啤酒杯：啤酒適於大口暢飲，因此通常用較大且有耳的杯型，或用寬細筒型的高腳杯。

(5) 一口杯：通常是無座的小杯，杯型或圓或方，容量小。

(6) 香甜酒杯：其杯外型像一般的高腳杯，但杯身比較小，因為香甜酒的酒精濃度高，不適大量飲用。

(7) 白蘭地杯：杯底寬、杯口小，雖然杯型較一般烈酒用的杯子大，但盛酒時只能裝大約 1oz 左右。

(8) 雞尾酒杯：比高腳杯還要尖的底部，杯口則較寬大。

❖ 喝酒可以助興，但不可過量，酒後更不應開車。圖為啤酒杯，飲用時握住下方的位置。

延伸閱讀

- Everyday Etiquette, Peggy Post(New York; NY: Harper Paperbacks. 1999, First Edition)ISBN: 0-06-273663-9

- The Complete Idiot's Guide to Etiquette, Mary Mitchell and John Corr(Indianapolis;IN: Macmillan USA, Inc. 2000, Second Edition)ISBN: 0-02-863848-4

- 西餐禮儀，服部幸應編；妮爾譯（臺北：笛藤出版圖書公司，民 91 年，初版）ISBN: 978-957-710-374-1

- 完全禮儀手冊－商務應酬藝術，麗堤蒂亞。鮑德瑞奇著；蔡正雄易（臺北：智庫文化出版社，民 84，第一版）ISBN: 978-957-955-301-8

- 現代人完全禮儀手冊－居家、旅遊、宴客，麗堤蒂亞。鮑德瑞奇著；蔡正雄易（臺北：智庫文化出版社，民 84，第一版）ISBN: 978-957-955-384-1

- 現代西方社交手冊，巴貝爾。吉力安諾著；元宵譯（臺北：臺灣商務印書館，民 80 年，初版三刷）ISBN: 978-957-050-380-7

餐飲禮儀－日本料理

一、日本料理的種類

日本料理在口味上，依地區大致分為關東（東京、橫濱為代表）與關西（京都、大阪為代表），前者口味偏濃郁、較鹹；後者口味屬清淡，重原味。若以料理形式分類，一般都分為懷石料理、會席料理、本膳料理，其中以「懷石料理」最為有名。

1. 懷石料理

懷石料理起源於十六世紀，由當時的京都茶道宗師所創始，他在冗長的茶會之前，制定了「一汁三菜」的料理，稱之為「茶懷石」，以免茶會過長引起飢腸轆轆，或空腹喝茶造成腸胃不適。「懷石」另有一說，是當時的禪宗修行和尚，冬天裡為了止飢，將石頭溫熱後抱於腹中，以減輕肉體的飢餓感，用精神層面的力量，取代對實際的食物依賴。

「懷石料理」早在江戶時代，就朝向「會席料理」的形式發展，逐漸繁複，演變出「二汁七菜」，甚至「二汁八菜」，不再只有簡單的「一碗湯、三道菜」。今日的「懷石料理」卻已造就另一番天地，它所代表的是「價位高檔、食材慎重、頂級享受」的代名詞，「懷石料理」的精髓就是要滿足「視、味、聽、觸、意」五種感官的元素，最重視的除了食材新鮮合時外，還要搭配精緻食器、環境布置與服務品質。

❌ 日本旅館提供的日式豐盛早餐。

餐飲篇

2. 會席料理

「會席料理」顧名思義就是「宴會形式」的料理，最常為婚宴所呈現，按照菜單順序一道一道端出，順序如下：先付、吸物、刺身、揚物、醋物、燒物、蒸物、煮物、味噌汁、漬物、飯、果物、甜品、茶。品目繁多，質優量簡，器皿精美，進行正式一餐時間約為二個小時，若是對於用餐的禮儀毫不熟悉，相信一定是內心七上八下、如坐針氈，無法以輕鬆愉悅的心情來享受。

3. 本膳料理

「本膳料理」原指貴族世家或武士家庭傳統用來待客的料理形式，本膳料理的禮節既嚴格又繁複，無論是主人或賓客都甚覺麻煩，因此隨著時代的進步而逐漸式微，傳統的本膳料理在今日反而很少見了。本膳料理呈現的方式，就是以高腳方形的漆器盛裝菜餚，並一次出齊所有的食物，用膳時必須謹守規矩。

二、一般注意事項

1. 傳統座席禮儀

傳統的日本料理餐廳都是坐在榻榻米的包廂裡，雖然現在許多餐廳多已改良為高腳桌椅，但是若有機會光臨傳統式有拉門隔間的榻榻米包廂時，知道座位的安排，亦能順利找到合宜的座位。

日式料理套餐—釜飯套餐。

2. 抵達玄關

抵達包廂皆會有一小階梯的玄關，脫鞋時，要面對主人脫鞋，踏上階梯時再轉向，將鞋尖朝門外方向排列整齊，若比較早到，應將鞋子排放到較遠端，中間預留給後到的人使用。

3. 入席與退席

　　如果早到會場的話，不可莽撞的直接入座，應先選擇靠近門口的位置暫坐，待主人招呼後再入席。用餐前，晚輩要先行進入客廳等待，餐畢要等待長者均離開後，才可離席。

4. 座位安排

　　日式包廂內都有插花或掛畫軸，主位均跟隨變動即可，又可分為「逆勝手」、「本勝手」、「正式座敷」，輩分較低的位置一定是最靠近門口的位置。

5. 坐姿

　　通常女性採取跪坐姿，因此勿穿窄裙或緊身衣褲赴宴，最好穿著百摺裙或較寬鬆的長裙；男性則不硬性規定要跪坐姿，亦可採取盤腿坐姿，男性、女性都不宜大剌剌打開腿或翹腳。在榻榻米上走路或坐下時，都不可以踏到邊緣縫線，容易損壞榻榻米；當然赴宴前要注意，不要穿會露出大拇指的破襪子。

6. 上菜前動作

　　日式筵席在上菜前是交際的好機會，可以與鄰座的朋友互相認識，或與較遠方的朋友頷首問好，但不可以離開座位去交換名片，此時說話音量以鄰座聽得到即可。宴會中避免談論個人病痛、公司八卦、政治、宗教、戰爭的話題，討論旅遊、美食等快樂主題最恰當，也可引用廳上畫軸、字軸來談論。

7. 毛巾和奉茶

　　上菜前，女中（女服務人員）會先送上毛巾和茶給客人，夏天提供冰冷的毛巾，冬天則提供溫熱的毛巾。使用毛巾時，只能輕輕擦拭指頭，不可以拿來擦手掌甚至拿來擦臉或脖子，用完後摺疊整齊放置左側。男生可用一隻手單獨拿取茶杯，女生則需使用雙手拿茶杯，不可邀人共飲或敬茶。

有碗蓋的器皿送上時，要先將蓋子掀開。

8. 筷子

日式餐飲筷子的取法與用法，與中式餐飲有很大的差異。

首先，日式筷子採取橫放，有些餐廳提供筷架，有些則無。若無筷架時，將筷袋簡單綁成「千代結」，作為筷架來使用，餐畢則要將筷子插入筷袋內，表示用餐完畢。品嚐日本料理時，未開動前，或是進食用餐過程，筷子請橫放靠近自己的桌緣前面，用膳結束或不再進食時，才可以將筷子縱向放置。

❖ 日式餐飲的筷子一律橫放，與中式的直放不同。

ETIQUETTE COLUMN

打開木筷的方式

餐廳的筷子通常是二根連結起來的木製筷子，優雅的拿筷子動作步驟如下：

· 用右手的拇指、食指、中指握住橫放的筷子中央部位。

· 再以左手從下托住。

· 右手滑回右方。

· 筷尖朝向自己，輕輕用力分開筷子。

· 右手再次滑向適當的部位，左手仍在左方輔佐。

· 左手離開。

· 切記不可有摩擦筷尖的動作。

日本人赴宴時都會自行準備「棉紙」，作用為擦拭在進食過程中髒掉的筷尖；以及餐畢清潔筷子後，再放入筷袋內。

9. 取菜原則

一般而言，許多菜餚送上來時，都用碗來盛，且都附有碗蓋，無論是否立刻要吃這道菜，一定要先將碗蓋掀開來，不能等到要吃時再打開。

ETIQUETTE COLUMN

掀碗蓋的步驟

· 雙手接過傳來的碗。

· 將碗挪至座位前方中間位置。

· 左手拖住碗的下方，右手掀開碗蓋。

· 打開時，蓋子要朝向自己翻。

· 打開的碗蓋直接放置在碗的右方或左方，開口朝上。

　　若因為水蒸氣而將碗蓋牢牢密合，切不可用蠻力，應以雙手按住碗蓋與碗身，利用大拇指的力量輕推碗蓋突起處，往中間施壓，就可打開碗蓋。

　　碗蓋亦可充當承接器皿使用，避免吃有湯汁的食物時，湯汁滴落桌面。

　　吃完碗內食物後，要再將碗蓋一一蓋回碗上。

　　小心碰撞碗與碗蓋，避免器皿受損。也不可以將器皿互相疊高。

10. 召喚服務生

需要召喚服務生時，可以用右手擊掌左手心二下；切莫以呼喊的方式叫人，或是直接拉開紙門找服務生。

11. 中途離席

盡量不要中途離席，尤其是在座還有長輩時。因此進餐前應該將所有私事處理好，包括上廁所等。行動電話最好關機，即使改為靜音或震動，也不能離席去接聽。

12. 抽菸

　　餐前與席間都是禁止吸菸的。癮君子真無法忍耐時，也一定要等到喝茶的時候，禮貌性的詢問鄰座「請問您介意我抽菸嗎？」然後再點菸。不可在進食中間就拿起菸來，視若無睹地吞雲吐霧。

三、上菜順序與食物吃法

1. 先付

　　用餐時最先端出的菜餚，就像中式料理的小菜或西餐的開胃菜。通常為一種，如水煮毛豆，可以用手取用；或是有兩、三種裝在一盤，則需以筷子夾取。

2. 吸物

　　吸物就是第一道以清淡為主的湯，喝湯不能用湯匙，雙手直接拿起碗就口「吸」，然後再用筷子取碗內的食物來吃。吸物的目的，在清潔口腔內前道菜的餘味，所以吸物內的食物不多。

3. 刺身

　　所有新鮮的生食都可以稱為「刺身」，不限定魚、蝦、貝等海產。吃「刺身」時，原則是從清淡的口味吃到濃重，建議從白魚肉→紅魚肉→鮭魚→青花魚（沙丁魚、鯖魚）→蝦貝類的順序食用。

❈ 日式的前菜—冷豆腐。　　　　　❈ 豪華的海鮮丼飯。

　　吃生魚片沾醬油與芥末醬時，最忌諱將兩者混在一起，如此會破壞生魚片的新鮮美味。正確的方法是，先夾起生魚片放在小盤裡，取一小撮芥末醬沾在生魚片上，左手拿起醬油碟靠近自己身前，右手拿筷子夾起生魚片沾少許醬油，放入口中，最後再以生蘿蔔絲清口腔。

❖ 吃生魚片時，由顏色較淡的魚肉開始品嚐，注意芥末醬不可與醬油攪拌，要保持乾淨。

4. 揚物

　　「揚物」就是炸的食物，日文又稱為「天婦羅」，揚物一定要趁熱吃，以免外衣冷卻影響口感，如果是綜合的口味，則以盤內靠近自己的食物先食用。吃揚物通常會沾蘿蔔泥醬油，但也有沾胡椒鹽的炸蔬菜，和沾檸檬汁與胡椒鹽的炸雞塊。

5. 燒物

　　在比較精簡的日式料理中，揚物與燒物只會出現一種。燒物就是烤的食物，最出名的就是烤香魚，吃烤香魚時不可以將魚翻面，正確的吃法是先吃魚頭部分，漸往魚尾部位的魚肉吃去，再將魚骨、魚頭、魚尾等處以筷子取下，再吃下層的魚肉，經過訓練的行家，會呈現出一整條完好無缺的連頭帶尾的魚骨頭。

6. 蒸物

　　最常見的蒸物就是「土瓶蒸」和「茶碗蒸」，吃土瓶蒸的步驟為：
・打開小杯蓋。

- 將檸檬汁擠入小杯中，再倒入瓶中。

- 蓋住蓋子後，倒一杯湯汁來啜飲。

- 夾取瓶內的食物來吃，喝湯與夾取食物應交叉進行。

- 食畢後，將所有杯蓋蓋好。

　　吃茶碗蒸時，可以用湯匙舀蒸蛋來吃，但要用筷子夾取碗內的食物來吃，不可用湯匙挖食物送入口中。

❖ 土瓶蒸的食用順序。

7. 煮物

　　煮物是盛筵結束前的壓軸，因為食材的組合千變萬化，謹介紹最常見的「關東煮」，吃關東煮要先將食物切成一口大小，因為有湯汁所以要注意拿小盤子來盛，不可因夾食物而濺出湯汁，也不可以讓湯汁滴落桌面。

❖ 煮物鍋內的白玉蛋。

8. 味噌汁、漬物

　　漬物在日本料理中占有一席之地，用餐時端出來作為配飯用，也有清胃的功能。味噌汁也視為漬物的一種，晚餐喝紅味噌汁，喝時也是雙手捧碗就口喝，碗內的食物需用筷子夾取。

9. 飯

　　正式的日本料理，飯是最後一道。

❧ 以鮮蔬、菇菌為主的釜飯。

吃飯的時候要先拿筷子，再端飯碗，若吃完一碗飯還要盛第二碗時，要將筷子放在架上。吃飯時配著漬物一起吃，但不可將沒吃完的漬物放在飯的上面。如果供應御飯團，則可以直接用手取來吃。

10. 水果

　　飯後來份水果，既爽口又幫助消化，吃的時候記住，削好果皮的水果，一定要用叉子切成一小口來吃，不可叉起整塊來咬。若未先處理果皮，則會提供湯匙，可用左手按住果皮，以右手舀來吃，吃完要把果皮整理好。

11. 甜點

　　夏天提供水羊羹或綠豆湯；冬天則供應麻糬紅豆湯。甜點可以幫助消化，為整晚的筵席劃下美麗句點。

12. 茶

　　飲用飯後的茶，用右手拿起杯子，再以右手拇指以順時鐘方向轉杯子兩下，再舉杯飲用，切忌猛喝，應慢慢品嚐。

❧ 日本常見的夏日消暑甜品。

四、常見日式食物的吃法

　　臺灣流行日式自助餐，這是業者模仿西式的自助餐 (Buffet) 而來，也就是 All you can eat 的方式。

　　進餐的順序應該按照上面所列舉的順序，依先付、吸物、刺身、揚物、燒物、蒸物、煮物、味噌汁（漬物）、飯、水果、甜點、茶的順序進餐。

　　拿取食物時，要以「一皿一食」為原則，每次只拿取一種食物，尤其是冷食與熱食最忌諱放在同一盤內，千萬不可將各種食物混雜一盤，甚至菜餚多到都「尖」起來，一來破壞食物的美味，二來完全不符進食的禮儀。

　　由於是無限制供應，所以每次都拿一盤或一碗就可以了，不可雙手左右開弓，甚至幫別人拿取。吃的時候應特別注意進食的動作和禮節，若肆無忌憚大聲喧嘩或狼吞虎嚥，皆非享受日本料理應有的禮節。

　　除了上列的筵席菜色外，日本料理尚有其他各種食物，亦可單獨點用或與友人共同享用。

1. 拉麵

　　吃拉麵時，應先喝湯（捧碗就口吸），品嚐廚師用心熬湯汁的苦心，接著再大口的吃麵，吃拉麵時可以發出嘶嘶聲音，表示懂得品嚐美味（但最近有一派說法，因學習西方禮儀的關係，吃麵喝湯不可以出任何聲音），吃麵後再夾取叉燒肉或其他配菜來吃。

2. 日式涼麵

　　日式涼麵的吃法，是將清淡醬油加入佐料後，再夾取一小口的涼麵沾醬油來吃，不可將醬油淋到涼麵上。吃涼麵不可將麵拉得過長，要將麵條用筷子剪斷。

3. 什錦煎餅

　　吃什錦煎餅有兩種方式，一種坐在鐵板燒的吧臺，另一種是盛在鐵盤內供應到餐桌

✂ 日本涼麵。

上。吃的時候先淋上濃濃的醬油，然後用特製的小鏟子，切成一小塊一小塊來吃。

4. 丼

「丼」就是蓋飯，飯的上面蓋上琳瑯滿目的材料加上不全熟的蛋汁，吃的時候要先將食物和飯均勻攪拌，滑滑溜溜的拌好後，一口一口的品嚐。

 豬排飯。

5. 壽司

「壽司」可說是日本料理的代表食物。又可分為手捲、握壽司和散壽司，手捲送上來時要立刻品嚐，以免海苔受潮影響口感；握壽司若是整盤供應，要用筷子夾取，若是坐在吧臺由師傅現做，則可以用手拿取，沾醬油的量不可過多。散壽司類似「丼」的擺法，但吃法不同，不可攪拌，要一口飯一口魚肉的吃。

五、喝酒禮儀

日本人在進餐過程中，喜歡飲酒助興，過去有男性左手持酒杯，女性以右手持酒杯的習俗，現在則一律都用右手持杯即可。至於杯子一般都是放置在自己的右前方，且每人有自己的小酒壺。

男性雖然可一隻手持杯，優雅的姿勢是以拇指和食指輕按酒杯，其他手指要向內側彎曲，若能再以中指撐住杯底，更能增加穩定度。女性就一定得右手持杯，以左手中指為中心，用指尖托住杯底，雙手溫柔持杯。

喝酒時不可發出聲音，要用類似「倒」的方式來飲用，直接從拇指與食指中間倒入口中，絕對不可用「吸」的來啜飲。

乾杯只有主人可以邀約所有賓客一起來進行，當主人進行乾杯儀式時，將酒杯舉至與眼睛同高，然後一口氣把酒喝完，若酒量不好，則可只喝一口。乾杯儀式後，即可與鄰座自由對飲。

餐飲篇

73

任何人都可以為他人斟酒，斟酒時，男性拿酒壺應以右手手指輕按壺身，不能整瓶握住。女性斟酒時，需再以左手指尖托住酒壺底部。為他人斟酒應先說「請」，然後再倒，注意酒不可滿溢，八分滿的程度為宜。若為較遠方的人斟酒，不可以往前探身，應該起身繞到客人的右後方再斟酒。

斟酒時，請遵守下列原則：

- 不可以說話。
- 不能東張西望。
- 不能將酒溢出杯外。
- 不能還沒倒好，酒就沒了。
- 酒壺口和酒杯不能碰在一起。
- 不可以搖晃酒壺以測知存量。

當有人為自己斟酒時，一定要雙手拿起酒杯，這是必須遵守的禮儀，首先點頭致謝，酒杯位置約在倒酒者的面前中間，以能看到杯中情形為原則。斟完後再次點頭致謝，將酒杯放回膳架上，過一會兒再舉杯啜飲。若酒量不好，有人為自己斟酒，可直接講明酒量不好並道謝；有一派說法，若不喝酒可將酒杯倒蓋過來，但建議最好不要使用。

日本酒後勁很強，不可因好入喉就貪杯，以免酒後失態，得不償失。

❖ 日本斟酒禮儀，女性與男性持酒壺的方式不同（圖中為女性示範）。

延伸閱讀

- 不出糗！54 個優雅用餐秘訣，渡邊忠司著，連雪雅譯（臺北：三采文化出版公司，民 95 年，初版）ISBN: 978-986-713-753-1
- 在他面前不出糗，林慶弧著（臺北：幼獅文化出版社，2011 年，初版）ISBN: 978-957-574-817-3
- 行儀＆作法便利帳，小澤源太郎著（東京：青春出版社，1995 年，初版）
- 和食文化，日本交通公社編；莫海君譯（臺北：農學社，2000 年，初版）ISBN: 978-957-473-082-7
- 超人氣！日本料理一番通，積木文化編輯部（臺北：積木文化出版社，民 91 年，初版）ISBN: 978-986-786-304-1
- 醉心日記，劉黎兒著（臺北：新新聞文化公司，民 91 年，初版）ISBN: 978-957-202-655-7
- 餐桌禮儀，白川信夫著；廖誠旭譯（臺北：躍昇文化出版社，民 81 年，初版）ISBN: 978-957-630-192-6

餐飲篇

MEMO

Part 3

衣著篇

穿著禮儀－女性篇

第一節　學生時代的穿著原則

　　人與人之間的交往，當然要靠長期的相處才能得知品性與態度，所謂「路遙知馬力，日久見人心」。但是商業之間的交往，有時很難靠長時間的來往接觸，根據心理學的理論，想要瞭解初次見面的人時，我們都是根據這個人的外表與行為作判斷依據，甚至第一眼很可能就已經論定。判斷好感與對方是否值得信賴，完全取決於服裝儀容的外在表現。

　　北歐航空前總裁卡爾森在其著作《關鍵時刻》裡，就一再強調關鍵十五秒的第一印象，在短短的十五秒內，是否給人專業的形象、喜不喜歡你個人或公司，就已經決定，而且影響深遠。他說「佛要金裝、人要衣裝」是千古不變的定律，而且要合時、合地、合宜、合身分。由此可見，穿著打扮對一個人的身分、地位、品味，有著息息相關的影響。

　　曾經有一則新聞報導，政壇上的政治人物，無論藍或綠的陣營，都是由同一位服裝設計師來幫忙打點，那位服裝設計師被尊稱為「阿蘭姐」，憑著她的專業知識與經驗，讓許多人紛紛找她來量身訂製一套屬於自己的行頭，讓優點更加凸顯，令缺點隱藏。廣義來說，「穿著打扮」可包括穿衣及配戴飾品，想要提升個人審美眼光，平時可多翻閱時尚雜誌，分析自己的身材及品味，挑選吻合個人氣質風格的穿著，再依場合的需求作搭配。

　　對還在學校求學的學生而言，不能將「只要我喜歡，有什麼不可以」掛在嘴邊，試想，一個多日不洗澡、身上飄散著別人難以忍受的異味，穿著邋遢或整天我行我素穿著拖鞋的人，會被同學與師長認同嗎？

✖ 整潔俐落的打扮是上班的穿著首選。

踏出校門後的團體或商業社會，是由許多擁有個別想法與習慣的人們所組成，如果每個人都只照著自己喜歡的言行舉止來過活，一個組織就會紊亂無秩序可言，整體工作無法順利進行。

因此，先舉在學學生為例，說明學生穿著打扮的基本原則，學生較常遇到的場合，有以下三種：

一、上課時—穿得輕鬆、戴得自然

1. 服裝上的自由度極高，可選擇自己喜愛的風格，與適合體型的裝扮。大致上以簡單、乾淨、整潔、無異味，便於活動為選擇考量，其中又以牛仔系列搭配的接受度為最高。

2. 穿著隨性，但不可隨便。拖鞋、汗衫、短褲及過分暴露的衣著都列為禁忌。請記住，演藝人員的那一套裝著打扮不適合在校園中出現。

3. 若要穿戴一些裝飾品，如耳環、項鍊、髮飾或戒指，以清新爽朗為原則，過分的打扮，只會讓人產生刻板的印象；此外，皮帶與鞋子亦要保持乾淨，襪子破了就請不要再穿。

◪ 乾淨清爽的裝扮適合年輕學生族群。

二、打工時—穿得端莊、專業

1. 服裝上的自由度，每家公司尺度並不相同，最好先清楚公司的文化，並且瞭解各種不同的工作性質，依此作為服裝搭配的考量。大體上說來，男生以簡單、乾淨的裝扮，獲得的認同較高，女生以俐落剪裁、色系簡單的套裝是較保險的穿著方式。

◪ OL 族的常見裝扮。

2. 即使天氣炎熱，還是不要太性感，所以細肩帶、短裙 、短褲都列為禁忌，過於貼身的剪裁也不適合，更不可以將內衣的肩帶故意顯現出來，即使是透明的材質也不可以。

3. 掌握基礎色系不易出錯，兩件式套裝最實用。在顏色上，黑、灰、藍、白是基礎色系，這些色系簡單、搭配容易，不會有太突兀的造型出現，選購時，米白比白色要好，感覺較柔和。絲質的長袖白襯衫是必備款式，可以與不同單品組合穿著。

4. 身上的裝飾品，請掌握高雅品味為原則，可以挑選質感較佳的耳環、項鍊、髮飾等，亦可在上衣別上胸針；選擇的手錶不可過分誇張，皮包則以皮質較佳，若是在辦公室內請記住要穿皮膚色系絲襪與有跟的鞋子，網狀或深色絲襪不適合在辦公室出現。

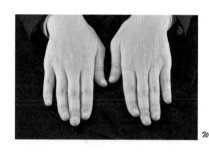

■指甲要修剪整齊且不可彩繪。

三、約會、休閒－自我風格適切展現

1. 服裝穿著比較沒有硬性規定，但品味的養成也要靠平時的累積，可選擇自己喜愛的風格，並適合體型的裝扮。但需視對象及地點的不同作適當的改變。

2. 為自身安全著想，不要穿太暴露的服裝，避免無謂的困擾。

ETIQUETTE COLUMN

使用配件的正確性

　　筆者剛踏入社會之初，受公司老闆影響，獨鍾穿「吊帶」，甚至很自豪認為，自己的這身打扮很 fashion，而且和老闆一樣。但是這身打扮不但未給自己帶來專業的形象，反而被同行業者訕笑，原來「吊帶」的使用，必須配合西裝褲的裁剪一起考量，且要縫製鈕扣在褲腰內側才是標準的，筆者後來才知道自己的無知與模仿行為，是一次值得深切反省的事件。

第二節　上班穿著打扮

有人說，女人總是認為衣櫥裡的衣服永遠少一件。每天打開衣櫥，真的會為了今天應選哪件上衣與哪件裙子搭配而傷腦筋。「套裝」對於上班族的女性而言（Office Lady，簡稱為「OL」），應該是簡單也最合宜的穿著，但淑女們如果每天都穿套裝，也會乏味至極，因此還是要將淑女穿著作原則性的說明。

✖ 上班的穿著要容光煥發。

女性上班族的穿著除了要因地制宜、配合身分、清潔、舒適外，還需特別注意以不妨礙工作效率為原則，才能適當的展現女士的氣質與風度。例如：到了夏天喜歡穿著清涼的露背裝、小可愛或超短迷你裙等等，如此的穿著雖然很性感，卻容易讓人只注意妳的服裝打扮，而忽略妳的專業能力，有時候還得提防不小心穿幫，如此就會影響自己的工作效率。

一、穿著原則

套裝是 OL 的首選，女士基本上著套裝，或是樣式簡單的襯衫加上外套。對於不善搭配穿著的女性，套裝是個很好的選擇，身在職場中的女士，或者身分較為專業的律師、會計師等，套裝顏色應參考傳統男士西裝顏色，如黑、藍、灰、咖啡色等。若要有變化，可在襯衫的樣式上做些造型，就會產生不同的效果。

✖ 女性上班族常出現的穿著類型。

配合流行但不損及專業形象的穿著：原則是「在流行中略帶保守」，所以夏天流行的涼鞋、腳鍊、內衣外穿、透明衣飾…等等都不太適合上班穿著。為免影響專業形象，對流行事物應有所取捨。最好的服裝搭配以套裝為佳，因套裝不會過度正式，且可上下相互搭配，可達經濟效益。身材較為嬌小的人，套裝盡可能選擇同一色系，有把身高拉長的視覺效果。此外，內衣肩帶（無論色澤、材質）也應注意勿露出衣外。

衣服質料宜挺直：挺直的衣料會讓整體呈現俐落的感覺，因此質料的挑選以不皺為原則，但注意太薄或太輕的衣料，會有不紮實、不莊重之感。因此，易皺的純麻、純棉衣服，不透氣的混紡衣料，都是不適合上班穿著的服裝。內衣的顏色不可突兀，因為有時襯衫若太薄，容易被看到內衣的型式和顏色，讓雙方都顯得尷尬，此時就應加一件襯衣。

衣服樣式宜樸素，每年服飾都會有不同的流行，有時吹浪漫的復古風，有時強調蕾絲或荷葉邊、有時是浪漫複雜的花朵圖樣或民族風等等，都是時尚界的不同設計風潮，但過度或大量的運用在上班的服飾搭配，會給人花俏、不穩重的感覺，所以並不適合在上班時穿著。上班的職業婦女最好穿著素色服裝，花色衣服則應挑選規則的圖案或花紋，如格子、條紋，才會顯得中規中矩。

上班的衣服一定要每天整燙：如此才顯得有精神，即使是強調「免燙」的衣服，也要將車縫線邊燙過，才會更為筆挺，這是因為縫線多為棉質，洗過後容易捲曲。

二、配件與髮型

鞋子最好以有跟的黑色高跟鞋為主，且要將腳趾包起來，穿涼鞋或無跟的娃娃鞋，會給人休閒不雅觀且不專業的印象。若參加晚宴則可選不同色系的高跟鞋，可以與盛裝作搭配。

✣ 乾淨的打點自己，連細節都不能忽略。

鞋跟的高低大抵以穿著舒服為宜，應選擇最適當的鞋跟高度。絲襪以透明近膚色的最好，深色的網襪不可以出現在辦公室，另外在辦公室或皮包內，應存放備份的襪子，萬一有破損或髒汙時，可以隨時更換，避免尷尬。

職業婦女上班時只適合配戴簡單的耳環、項鍊、手鐲、戒指，其他飾品不宜過多，恰到好處即可，腳鍊則絕不合適。飾品在衣著上有畫龍點睛的功能，但忌太複雜或過分誇張，例如具有非洲原住民風格的耳飾。在搭配上，以同一色系為原則，同時得注意飾品在工作時，不可製造噪音。

髮型以簡潔為主：如果髮型有瀏海，勿超過眉毛；長髮若及肩最好以髮飾固定，以免髮型妨礙工作效率，髮飾以黑色為佳，髮色則以自然為原則，染髮不要有太特別的顏色，如綠色、紅色或金色等。乾淨俐落的髮型是較受歡迎的，若是常常掉下來遮住臉或瀏海亂飄，看起來較缺乏專業的感覺，太短、太長或太蓬鬆的髮型都不適合工作場所。整潔與經過整理是幹練的髮型不可或缺的元素，較受到上班族的喜愛，而在參加宴會時，則可以配合禮服展現出較為女性化的髮型。

上班要將長髮挽成髮髻。

三、化妝與保養

一般而言，OL 化妝是在職場上基本的禮貌，筆者的祖母曾受過日治時期的高中教育，她即使只是走出臥室門外，也一定會先照鏡子梳理頭髮，塗抹口紅後再出來客廳，化妝對於筆者祖母而言，已成為應對進退的基本禮儀。

　　化妝的簡易步驟如下：

1. 粉底

　　要順著臉頰紋路進行，由內往外、由上往下慢慢推開，先從較乾燥的兩頰開始，然後往嘴巴、鼻子、額頭、眼睛周圍推開，但要注意髮際、脖子連接處不要留下清楚痕跡，而嘴巴、眼睛周圍等活動較多的部位，是紋路較多的範圍，要小心推勻，並且整體都要塗得均勻，使粉底與膚色自然融合。

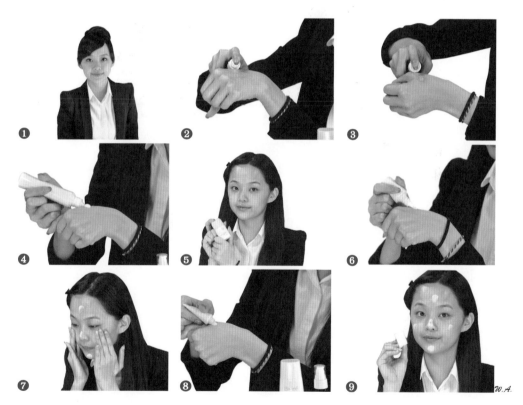

❌ 粉底液的使用步驟。

2. 蜜粉

　　用清潔的粉撲沾取充分的蜜粉，稍微用一些力氣，按壓在臉上、鼻子、額頭等處，這些部位油脂分泌較為旺盛，容易脫妝，要多上幾次；不要忘了臉與頸部的交接處和露出的頸部也要撲上一層蜜粉，當蜜粉充分附著在肌膚上後，用粉刷由上往下刷落多餘的粉。

✖ 以粉撲撲上蜜粉。

3. 眼影

　　較為深色的眼影，應從眼尾開始上色後，再往眼頭方向暈開，眼頭處眼影的顏色較淺，可呈現眼部的立體感，最靠近眼睫毛處顏色較深、漸漸往上淡開的漸層表現，可給人乾淨自然的感覺。

4. 眼線

　　從眼頭向眼尾，沿著睫毛生長處畫上，眼尾處稍微上揚即可；畫眼線時注意鏡子的位置要低於眼睛，畫上眼線時抬高下顎，並將眼睛往下看，畫下眼線時拉低下顎，眼睛往上看，較容易描畫。

5. 睫毛

　　上睫毛膏時，眼睛稍微往下看，刷上睫毛時，橫拿睫毛刷，刷下睫毛時，則將睫毛刷直拿，利用前端刷上睫毛膏；如果要有更活潑的效果，可以先以黑色睫毛膏打底，再以其他顏色的睫毛膏塗抹睫毛前端。

Part 3

✖ 貼睫毛的步驟。

6. 眉形

　　從鼻翼朝眼角畫一條無形的對角線，最適當的眼尾，就在這點決定，之後畫眉就容易多了，再用眉筆或眉餅將眉毛較稀疏處補上色彩，最後利用眉刷將眉毛刷整齊，呈現出美麗的眉毛。

✖ 塗脣蜜的方法。

順序	基 本 用 品	效果
打底	飾底乳	增加粉底的附著、延展性
	粉底液（膏）	修飾肌膚的缺點、調整膚色
	蜜粉（粉餅）	固定粉底，不易脫落
眼部重點	眼影	眼部立體感的呈現
	眼線筆	加調或修飾眼型彩妝
	睫毛膏	使眼睛更有精神
	眉筆	以眉筆修飾，並拔除雜亂的地方
脣部重點	口紅或脣蜜	表現脣部美感
修容	腮紅	表現立體及整體均衡，修飾臉部紅潤表現

MEMO

❖ 晚上參加正式活動或典禮的禮服穿著。

❖ 晚宴禮服的穿著（配合 Black Tie）。

延伸閱讀

- 一分鐘生活禮儀，李牧編（臺北：榮峰出版社，民 81 年）ISBN: 978-957-854-053-8

- 女人穿衣聖經，金・強生・葛蘿絲、傑夫・史東、克莉絲汀娜・辛巴莉絲特著；洪瑞璘譯（臺北：城邦文化，2008 年，初版）ISBN: 978-986-6739-58-3

- 中西服裝史，葉立誠著（臺北：商鼎文化出版社，民 89 年）ISBN: 978-957-571-913-5

- 如何使您更迷人—表現迷人特質的開始，瑞昇文化圖畫事業有限公司（臺北：瑞昇文化圖畫事業有限公司，民 81 年）ISBN: 978-957-526-212-9

- 國際禮儀與人際關係，卡爾・史莫克著；邱一維譯（臺北：牧村圖書有限公司，民 85 年）ISBN: 978-957-990-681-4

- 彩粧講義，吳必伍編（民 94 年）

- 歐美青年社交禮儀必讀，臺灣聯合報編譯；方有恆譯（臺北：徐氏基金會出版，民 71 年）

Part 3

穿著禮儀－男性篇

第一節　男士休閒服

　　二次大戰後出生的龐大戰後嬰兒潮，早已深深影響全世界的流行趨勢，在《C型人生：事業、愛情、家庭、娛樂、學習、健康的未來與商機》一書中提到現今社會的許多現象，其中一個便是上班時的休閒服裝取代了正式服裝，或許是受夠了呆板、權威穿著和炫耀性消費的浮誇氣氛，「低調、簡潔、少即是多」的「dressing down」現在反其道而行，上班族開始換穿「辦公休閒」(Business Casual)，強調便於工作的功能性、表現個人風格和品味，是辦公休閒的重要精神。

　　不過，很多人誤解了「休閒」的意思，以為POLO衫、卡其褲加室內拖鞋就是「休閒」。輕鬆並不等於隨便，如果沒有機會真正瞭解，辦公休閒的確很容易就被誤導為「穿什麼都行」。真正的休閒的意義是「在工作場所穿得既專業又有品味」。

　　但是，筆者仍要特別提醒，上班族在辦公室內可以「休閒穿著」，但若拜訪客戶或是前往作簡報時的穿著，就必須以正式的穿著來進行，因為這是對客戶與聽簡報的人最基本的尊重。聽眾通常希望聽到一場獲益良多的「專業」簡報，臺上的主講人必須穿得看起來，夠「專業」才符合期待。簡報時必須正式的穿著打扮，並且應該和聽眾區隔，穿得更加正式，才能凸顯自己擔任講者的身分。

◎ 休閒的穿著重點

1. 整潔

　　現今的男士已經懂得不能穿得寒酸、滑稽，但整潔仍然被忽略。不修飾的鬍鬚、一頭亂髮、露出層層的內衣領、過長且大的褲管等等，這一切均會給人不整潔的印象。

2. 擺脫單調

一個平時衣著極樸素的人，剛開始嘗試多種風格的衣裝，除了勇氣之外，還要有技巧。建議首先從模仿開始，你可以留意他人的衣飾打扮，找到一個與自己氣質相符的人士，多多觀察他的衣飾組配風格，然後在模仿中取長補短，體現自己的魅力。

3. 不忽視色彩魅力

有些男士缺少色彩概念，總是將自己定位於藍、灰、黑與白之類的顏色中。其實，可以嘗試花格子襯衫配牛仔褲，或鮮豔色彩的運動套裝。

4. 細節彰顯個人品味

領帶、絲巾、皮帶（請注意西裝褲的皮帶與牛仔褲的皮帶不可共用），和冬天用來保暖的圍巾或披在肩頸處的暖色毛衣，都是不可多得的點綴，特別是當它們的色彩與所穿的衣服對比和諧時，效果往往是難以言喻、很見水準的。

5. 品味需要堅持

一年 365 天都穿同一、兩套衣服的男士容易被人們認為是食古不化、毫無生活情趣可言。根據季節和場合變換衣飾才是正確的判斷，選擇一套適合你的氣質與身材，且能凸顯特色的服裝，對於塑造個人形象有加分的附加價值。

❖ 上班要穿著乾淨整潔的服裝。

第二節　男士正式服裝

西裝是任何行業的男人在正式場合必備的打扮行頭，但不懂得如何穿著，反而會成為笑柄，同樣是西裝，穿得好不好，不但流露個人品味、個性與經濟能力，一不小心，甚至連生活狀況都會洩漏出來。因此，訂製、選購、穿著時，以及不穿西裝時的保養，都要多用一些心思。

事實上，為自己購買一套剪裁適巧、款式得宜的西裝，是許多現代男性關心的焦點，一套合宜的高級西服可以適度地展現主人的專業與身分，因此懂得選擇西裝的要領就顯得十分重要，不論是選購現成的西服，或請師傅量身訂做，都有一些共同的原則，如果能掌握這些要領並仔細觀察，即使是外行人，也能分辨出西裝的優劣，進而找到最適合自己的西裝。

首先，是熟知自己的體格、臉型，善用西裝來展現自身特色或遮蓋缺點。例如肥胖的人最好選擇雙排扣的西裝，可使上身胖的人看來較為瘦挺；下半身較短的人可選擇長度稍短的上裝；體格消瘦的男士則可利用寬闊的衣領來襯托胸膛的挺直。

✖ 剪裁合宜的西裝令人覺得挺拔。

經常穿西裝的男士會發現，西裝的流行是周而復始的，由於這種特性加上良好的縫工，一套西裝平均壽命都是十年以上，因此在選購款式時要挑選材料有質感（例如羊毛材質）、剪裁適合自己的樣式，會比一味追求流行來得恰當。

一般人穿西裝常犯的錯誤，讓他人看到總是覺得非常奇怪，甚至會有「沐猴而冠」的感覺，以下是筆者將個人看過的經驗整理出來：

✖ 雙排扣西裝。

1. 穿錯尺寸：以為大一號顯派頭，小一號看起來比較苗條，都是錯誤的。正確的尺寸應該是後襟長度剛好到臀部下緣，襯衫袖長剛好到手掌虎口，過長或過短都不對，西裝的衣長和褲長在視覺上約一比一，才能穿出俐落的完美比例。

衣著篇

2. 穿錯款式：出席正式場合穿顏色太過閃亮的西裝或是穿了短袖襯衫，都不適當，應該穿深色西裝，內搭長袖襯衫。在非正式場合，才可穿短袖襯衫，若穿短袖襯衫又打領帶，更是錯上加錯。如果天氣很炎熱，可以脫下西裝外套，且將長袖襯衫捲到手肘的位置。體型胖的人穿三顆鈕扣的直排西裝，或是瘦子穿雙排扣西裝，都會讓人啼笑皆非。

3. 布料或飾品過於花俏，或把扣子全部扣上：尤其在正式場合，花俏的布料圖案與過度誇張的扣子會給人不莊重、不沉穩的感覺。此外，穿三顆鈕扣以上的西裝，站立時最後一顆扣子可以不必扣上，坐下時可以全部解開；至於穿雙排扣的西裝，站立時一定要將內、外鈕扣全部扣上，坐下時可以全部解開。

4. 穿錯襪子：穿西裝搭配白色襪子或淺色系運動襪是大忌，應該搭配黑色或深色系的紳士絲襪，請注意若襪子的彈性橡膠圈已鬆落，請趕快買一雙新襪子，穿著過短或鬆垮垮的襪子、露出腿毛，是很不禮貌的。

5. 領帶、襯衫、西裝顏色不搭調：如果對色系搭配沒有概念，盡量把握同色系或對比色的搭配法，如襯衫是白色的，領帶和西裝就可搭對比色，像是深藍西裝配紅領帶，襯衫如果不是白的，那麼三者當中有兩者應該選同色系。千萬不要打卡通圖案的領帶，會顯得滑稽。

6. 沒有拆袖標或假縫線：袖標是銷售時展現品牌用，假縫線（口袋或開叉處）是為了固定開岔處，穿著時都應該拆掉，否則真的會貽笑大方。

7. 穿襯衫時注意領口與袖口，若已經出現磨損或油漬，請換一件新的。節儉固然是好事，但該換的時候要當機立斷。如果是量身訂製的襯衫，會在左邊袖口領繡上同色系的英文名字縮寫，請勿東施效顰，繡錯邊或用不同顏色的線繡。襯衫放在西褲外是不可原諒的錯誤，忌諱不扣襯衫的最上面一顆扣子就佩戴領帶。袖扣只能用於「法國袖」的襯衫，不可拿來當裝飾品。

8. 把西裝外口袋當百寶袋：在西裝或西褲口袋塞滿皮包、鑰匙、手機、零錢、PDA 等物品，不僅看起來不雅觀，也會導致西裝或褲子變形。

9. 穿西裝背袋子：常看到很多穿著西裝的通勤男士，側背公事包或背電腦包，這樣長期下來會壓扁西裝墊肩，使西裝失去挺度，甚至變形，穿西裝時應該手提皮革製的公事包較適宜。

10. 西裝袖口上的鈕扣雖然是裝飾用的性質，但也不可不知鈕扣數量所代表的意義，四顆鈕扣用於弔唁時、三顆鈕扣是用在正式的場合、二顆鈕扣是休閒性質的西裝（例如：獵裝或休閒西裝）。西裝的袖子應比長袖襯衫短，手自然下垂時，應露出至少 2 至 3 公分的襯衫。

11. 西裝長褲最標準的長度是蓋住皮鞋和鞋後跟的一半，過長的話容易磨地，但絕對不可以過短，若穿了長褲站起來會被看到襪子，是件很糗的事，如果又剛好穿了白色襪子，就更糗了。通常坐下時，長褲的褲管會自然往上揚，因此襪子長度應穿至小腿一半，襪頭鬆了就別再穿，因和人談話時邊拉襪子是相當不禮貌的行為，襪子質料應隨季節加以更換，穿西裝絕不能穿運動球鞋。

✖ 西裝褲的長度要蓋住鞋後跟。

　　此外，西裝的保養相當重要，如果不知如何保養西裝，那麼原本可穿上五年至十年的西裝，可能在一季之後就報銷了。西裝忌連穿兩天以上，西裝連續穿著一個禮拜就會走樣，如果「休息」不足，起碼要花三個月才會恢復原狀。如每穿一次後，就讓它休息三或五天，待西裝回復原狀再穿著，那麼衣服就能常保如新。

　　西裝忌勤洗，西裝最好在換季時清洗一次，髒得厲害時另當別論。西裝每洗一次就會損傷一次，整燙亦然，千萬別燙過頭。收藏西裝請用西裝套以防塵，灰塵也是西裝的大敵，西裝常在不知不覺中沾染很多的灰塵，灰塵會堵塞衣服的纖維，加快布料的磨損。

✖ 西裝口袋不能放置任何物品。

請勿在西裝口袋內放置雜物，西裝要穿得瀟灑，除了在西裝口袋放置裝飾用手帕外，最好不要裝任何東西，所有雜物應放置在西裝內側暗袋裡。在內口袋底下還有一個小口袋，可放置名片或打火機。如放置太多物品在口袋中，整個人顯得臃腫不堪，不僅會讓西裝走樣，更失去穿著西裝的挺拔瀟灑。

西裝忌硬塞進衣櫥，易產生許多皺紋甚至變形走樣。換季或不常穿的西裝可使用有拉鍊的西裝套將其罩住用以除塵，另置乾燥劑於衣櫥內，有防潮作用。

第三節　特殊場合的禮服

相信大家都看過身穿燕尾服的外交官，或是諾貝爾獎頒獎典禮上的正式禮服，雖然我們比較沒有機會穿著正式典禮的禮服，但也必須具備基本常識。

晝間禮服是白天穿的正式禮服，前踞下襬大幅裁成斜圓角，以黑色或灰色的禮服布為質料，通常灰色是結婚新郎的禮服。黑色應搭配黑底條紋的長褲，中間灰色禮服背心，白色或銀灰色織成黑白相間的斜紋領帶。通常在西方的婚禮上比較常見，臺灣社會沒有這種習慣，在臺灣的婚紗照中，卻常有攝影公司會提供新郎穿著。

1. 晚禮服（燕尾服）

燕尾服是晚間最正式隆重的大禮服，外套後背衣襬成燕尾狀，領型成尖角領，下領片及長褲邊緣，都以緞面布料裝飾，現在除了國家隆重慶典、外交官或交響樂指揮家之外，一般穿著機會並不多，燕尾服必須打白色領結，因此如果邀請卡上有註明 White Tie 時，就是指定須穿燕尾服參加。穿著時機有晚間正式晚宴、舞會、官式宴會、晚間婚禮、白天國家大典、國宴、呈遞國書等正式隆重場合時穿著。

2. 小禮服

以黑色西裝為上衣，衣襟用黑色絲緞鑲面呈半月形，褲子則類似大晚禮服，只是外側縫邊處的緞帶較窄小。著小禮服時應搭配黑領結，因此又名 Black Tie。

3. 特殊場合禮服

參加葬禮時，襯衫則為傳統白色素面襯衫，領帶、背心都只能著黑色素面的，同時不配戴任何裝飾品。

✼ 小禮服，又稱為 Black Tie。

第四節 男性上班族儀容打扮

一、個人外貌

一定要梳理頭髮，披頭散髮或怒髮衝冠都是不佳形象，髮際要分線清楚、注意頭皮屑、瀏海勿過眉、髮油或髮蠟忌用太濃、太多。如果燙髮勿燙太蓬鬆，男士鬍子應每天刮，刮完鬍鬚應擦點鬍後水或古龍水，當個有品味的男人，有些人的鬍子長得快，到下午又出現鬍渣，若晚上還有交際應酬或約會，一定要再刮一次鬍子，避免留著一臉的「Afternoon Shave」去參加宴會。

✼ 乾淨清爽的儀容，會給人良好的印象。

二、領帶

領帶是男士服飾中較多變化的配件，也能展現搭配風格品味。領帶打結有單溫莎結、雙溫莎結、基本結，不論你使用任何打法，領帶必須每天現打較為「新鮮」，也較不會變形。此外，領帶長度也有禮節，須於腰帶扣環的下方邊緣，太長或太短，均不雅觀。不同花色的領帶給人的感覺，會有相當大的差異，應學會依照場合及搭配的衣服，來選擇適合的領帶。

✂坐下時，可將西裝鈕扣全解開。

ETIQUETTE COLUMN

領帶

格紋和點狀的領帶給人中規中矩、按部就班的感覺，適合在面試、會見上司和長輩時使用，斜條紋的領帶能充分表現穩重、理性、權威的印象，因此適合在談判、演講、主持會議的場合中。臉色較暗淡或蒼白的人，宜選用較為鮮明一點的領帶，臉色較為紅潤的人，宜選用素色、材質較柔軟的領帶，從事文藝、設計等較重視個人創意的行業，可選用抽象畫、幾何圖形、花鳥等不規則的圖案。

領結

領結為正式場合中使用，例如著大晚禮服、新郎禮服時會使用到。其他場合則需謹慎考慮是否有使用的必要。

三、鞋子

　　有專業權威的男士，會選擇黑色、鞋跟有高度的鞋子，沒鞋跟的鞋子給人休閒的感覺，黑色以外的皮鞋則會給人不夠專業的印象。此外，鞋子應隨時擦乾淨（不能沾上泥土），並擦亮整隻鞋子（包括鞋頭與鞋後跟），最好選擇繫鞋帶的皮鞋，更能彰顯男士品味，皮帶與鞋子應為同一色系。

❇ 皮鞋要保持光鮮明亮。

四、配件

　　男士配件有公事包、傘等，也須與服飾搭配，千萬別在下雨天時，穿著西裝搭配花陽傘。男士飾品有眼鏡、領帶夾、袖扣、鋼筆、手錶、結婚戒指、皮帶銅環等，都要能與服裝及個人氣質相搭配，因為一個越有品味的人越會強調飾品的同色系與同材質，可藉此反映出地位與鑑賞力。

❇ 上班族以手提公事包為佳。

衣著篇

✖ 領帶的打法—溫莎結。

✖ 領帶的打法—平結。

衣著篇

W.A.

領帶的打法—半溫莎結。

五、身體異味

身體有異味，包括狐臭和口臭，都是很惱人的事，尤其是口臭，大概周邊的朋友都知道，只有自己不知道，別人又不好意思開口告知，只好遮遮掩掩越離越遠，如果發現有人用手掌遮著說話，大概就是自己「口氣」不佳的時候了，建議找出口臭的真正原因，是胃腸不好引起或是口腔病變，還是遺留食物的特殊味道，若想暫時性的改善，可以嚼食少量的茶葉，保證立即口氣清香，且有益健康（兒茶素）。

至於狐臭或體臭，則要天天洗澡，保持身體的乾淨。尤其是夏天大量流汗後，會產生很濃重的汗臭味，只有洗澡能解決這一現象；狐臭只好求助於市面上販售的各種除臭劑或止汗劑，但切忌在腋下噴灑香水，只會製造更特殊難以形容的「異味」。

延伸閱讀

- 不穿內褲也要打領帶，中谷彰宏著；呂理州譯（臺北：商智文化，2000 年，初版）
  ISBN: 978-957-667-765-6

香水禮儀

09 Chapter

第一節　香水的基本認識

　　世界上千百種香水，之所以有其獨特的迷人香味，全是由各種風格迥異的香調，依不同比例與成分、加上特殊混合技術研製而成，本章將針對女性香調和男性香調做一區隔，並以簡單明瞭的圖表表示出這些香調。

　　女性用的香水在種類上非常的多，但最主要的可分為三大類，如下圖所示：

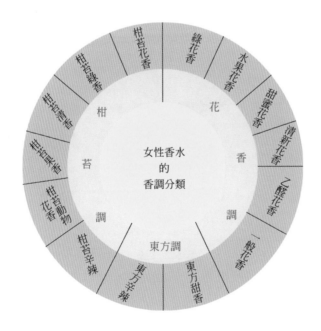

❖ 女性香水的香調分類。

至於男性的香水基調分為五大類，要瞭解男性香水香調的種類從下圖可得知：

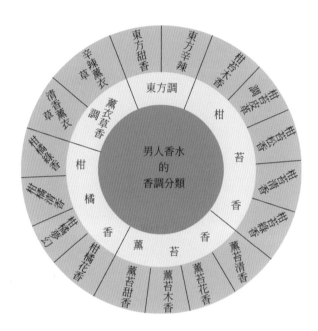

◈ 男性香水的香調分類。

　　無論是女性或男性香水，因其使用後時間的不同，會產生三種不同的香水的香味，可以分為前、中、後三個階段，在這三個階段中，香水的氣味會有奇妙的改變。如下表所示：

1. 前味：是剛擦上香水時所散發出來的香味，可持續 10~30 分鐘。

2. 中味：是香水的核心香味，主要呈現出來的味道多半是木質香或花香，約可維持 1~2 個小時。

3. 後味：是香水的基調香味，這股香味有很好的持續力，也會和個人的體味融合在一起，而產生屬於自己的香味，最多可維持數小時至半天的時間。

　　因為香水擁有前、中、後三階段不同的香味，因此在選購香水時，除了以試擦時的前味作為購買考量的依據外，應該經過一段時間後，再聞聞此香味有了什麼樣的微妙變化，而對於這樣的香味是否喜歡。

第二節　香水的種類

　　各廠牌的化妝品公司不斷推陳出新，研發出各式味道的新品牌香水，但實際上，國際間對於香水的種類有嚴謹的定義，是我們在認識香水時要知道的，香水的濃度標準與香味的基調，依據不同的濃度標準，有不同的香水定義。一般說來，香水的濃度含量主要有 5 個等級，區分如下：

1. 香精 (Parfum)

　　濃度在 20% 以上，是香水中的貴族，香味持續力約為 5~7 小時。

2. 香水 (Eau de Parfum)

　　香精濃度約在 10~15% 之間，價格屬中等價位，比較大眾化，廣泛被使用，所以才會以香水泛稱所有的香水種類，而不是香精。持續力約 5 小時左右，通常簡稱為 EdP。

3. 淡香水 (Eau de Toilette)

　　濃度約在 5~10% 之間，因此價格最便宜，不過持續力最差，大約只有 2~3 小時，多使用於沐浴之後。從這個等級開始才有較多的男性香水。

種類	持續時間	香料濃度	酒精含量	蒸餾水含量	常見容量	價格等級
香精 Parfum	5~7 小時	15~30%	70~85%	0	7.5mL 10mL 15mL	1 （昂貴）
香水 Eau de Parfum	5 小時以內	10~15%	80% 以上	5~10%	30mL 50mL 100mL	2

種類	持續時間	香料濃度	酒精含量	蒸餾水含量	常見容量	價格等級
淡香水 Eau de Toilette	3 小時	5~10%	80%	10~15%	30mL 50mL 75mL 100mL	3
古龍水 Eau de Cologne	1~2 小時	2~5%	80%	15~18%	100mL 150mL 200mL	4
清淡香水 Eau de Fraicheur	1 小時以內	2% 以下	80% 以下	18% 以上	200mL 以上	5（便宜）

4. 古龍水 (Eau de Cologne)

是男性香水的一般等級，至於女性香水在這個階段已經很少見了。古龍水的濃度只有 2~5%，香味持續力約只有一、兩個小時左右。

5. 清淡香水 (Eau de Fraicheur)

香精含量非常的低，約只有 1~2%，似乎已經不被歸在香水的範圍內，市面上的體香劑、鬍後水都屬於這個等級，香味的持續力非常的短。

日後購買香水時，可以先從外包裝的說明，瞭解購買的香水是何種等級的產品，以及應如何來使用。

第三節　使用香水的注意事項

使用香水可以為自己增添更多的魅力，但是不當的使用反而會引起反效果，使用香水時能夠留心一些小地方，或者遵守一些使用的原則，才能使香水發揮更好的效果。接下來，我們要知道如何正確使用香水，包括使用者的身分、時機、地點、場合等項目，主要的注意事項如下：

1. 密閉空間：在辦公室、戲院等空氣不佳的空間裡，不要噴過濃的香水，以免刺鼻的香味影響他人，讓他人不舒服。

2. 餐廳：進餐前一般不噴濃烈的香水，尤其是日本料理，因為美食的氣味會被香水的氣味搶奪。

3. 醫院或告別式：到這些地方應該樸素一些，以表示對當事人的尊重。

4. 婚禮：香氛可以倍增喜氣。但是白天場合要選擇淡香水，到晚上參加晚宴時才可以選擇濃香水。

5. 約會：女性選用柑橘水果香味、男性選用苔類香草的香水，可增添個人吸引力和魅力。

6. 上班、上學：選用淡雅清香的淡香水較宜。

7. 雨天：潮溼的空氣使香氣在水分重的區域內難以散發，選用淡香水為宜。

8. 戶外：運動和逛街都易流汗，汗水與香水味混合在一起總會讓人敬而遠之，這時要選用無酒精香水或運動型香水。流汗時不可直接使用香水在肌膚上。

9. 使用香水，最大的禁忌就是抹太多。塗抹香水最好的區域是噴於動脈跳動處，才能使香水的味道散發出來，如右圖所示。

10. 重疊使用不同的香水，不僅無法表現出香水本身的特質，還可能交錯出奇怪的味道來。

❌ 使用香水要適合自己的身分與職業。

❌ 香水要輕點在動脈處。

❌ 互相輕輕搓揉。

衣著篇

11. 由於香水經紫外線照射會產生斑痕，故在直接接觸陽光的地方不要塗抹香水。

12. 不可將香水噴灑於白色衣物上面，以免留下汙漬。香水不要碰到珠寶與金、銀製品。如果要穿戴珠寶或金、銀飾品時，最好先噴好香水再戴，否則會使之褪色、損傷，尤其是珍珠類。

13. 孕婦應避免使用香水，因為香水中含有的某些成分，可能會對孕婦或胎兒產生不良的副作用。

14. 有些香水是特殊職業的人固定使用，因此千萬不能誤用這些香水，讓他人誤會你的工作性質，反而容易引起反效果。學生可以使用香水，但切忌濃香水，以植物性香味為佳。

❋ 香精可以擦在耳後讓香氣持久。

15. 為了讓香味較持久，可先噴上淡香水或古龍水，再噴上香精或香水加強。

16. 相同的香水也不要連續使用，避免產生嗅覺疲勞，建議可以選用多種香水輪替使用。香水使用後一定要記得把瓶蓋蓋緊，否則會很容易揮發，避免將香水放置於太陽照射的地方，劇烈的溫度變化會引起化學質變。

延伸閱讀

- Queennet, http://www.queennet.com.tw/
- 香水聖典，柯偉浩（臺北：水瓶文化事業有限公司，1997 年，初版）ISBN: 978-957-985-500-6
- 戀愛香水魔法書（佳言文化，1998 年，初版）ISBN: 978-957-985-087-2

Part 3

Part 4

住與行篇

10 拜訪與接待
Chapter

第一節　拜訪禮儀

一、拜訪前事先的聯絡與確認

　　現代的工商社會，大家都忙，大人忙著上班或做生意，小朋友忙著讀書、上各種才藝班，好不容易等到週六、週日，可以好好休息一下，當然不希望有不速之客來打擾，因此去拜訪朋友，最重要也是最基本的原則，就是一定要先約定時間，無論與對方關係多麼親近，都應事先確定對方是否方便，然後再前去拜訪，這樣才合乎禮儀。不作打擾人家生活的討厭者，也可避免臨時造訪，剛好對方外出不在家而吃了閉門羹，徒然浪費時間，敗興而返。

　　尤其在商業場合中，注重效率與工作態度的情形下，如果連時間也不約就去拜訪，是很不懂商業基本禮儀的事。你突然去拜訪顧客時，可能會遇到「你這樣突然來訪，正巧，我們現在要開會呢！」如此的窘境，留下來也不是，回公司也不是，因此，現代最基本的拜訪禮儀，就是必須事先約好時間才可以。

　　此外，若事先都已約好拜訪時間，而且也出門了，萬一在路途中有任何突發狀況，有可能會遲到的情況之下，應盡早與對方聯絡，誠實告知可能遲到的原因和可能遲到的時間，讓對方有心理準備與安排，不能浪費對方寶貴的時間。

　　在正式商業場合，第一次拜訪的廠商、客戶，最佳的方式應是先寫一封簡短的信箋，向對方表達自己希望前去拜訪的意願，客氣詢問對方是否方便，並留下自己的聯絡方式。計算好信件抵達的時間後，再打電話詢問是否收到信件，並請對方決定日期和時間，這樣才是正式拜訪前的禮儀。

依照路途的遠近，約定拜訪的時間有所不同，如果是國外的朋友，當然數月之前就要先確定，因為一趟飛機的行程和往返，不能說到就到；如果是住得遠的親戚或朋友，當然也要幾個月前，至少要一個月前就要聯絡好，約定確切的日期和時間，好讓對方有心理準備。如果是住得近的朋友，最佳的約定時機是一週前，最慢也要三天前，千萬不能一通電話說：「喂，你在家喔，等我一下，我馬上就到！」這是非常煞風景的。

二、拜訪時應注意事項

約好時間後，寧可早到、切忌遲到，尤其是商務拜訪，要將塞車的時間計算在內，若早到了，先找個地方暫時休息一下，整理服裝儀容或再次閱讀需使用的資料或數據，從容準備就緒，精神煥發的與拜訪對象見面。若是趕在最後時間才匆匆抵達，留著滿頭大汗或神色慌張，都只會讓對方留下不好的第一印象。

等候引領時，切勿顯得焦躁不安。拜訪客戶不宜在對方的辦公室寬衣解帶，即使室溫很熱，也要忍耐。若進入辦公室前已先脫下西裝拿在手裡，或放在手臂上，在對方還沒有請你使用衣架之前，不可擅自使用他人的衣架。

在對方尚未開口請你就座或以手勢導引就座之前，不能自己大剌剌地坐在客座。當然，在對方還沒有請你喝茶之前，不可自行拿起茶杯來飲用。

拜訪客戶或朋友時，應事先準備禮物，最好以公司的產品或公司所在地的土產為主，若沒準備就不必特別送，避免在對方附近商店購買，反而給人沒誠意的印象。假如拜訪當日實在無法進一步溝通，則應禮貌性地先行告退，事後再找時間以電話與對方聯繫。

三、即便是短時間的拜訪，也須事先聯繫

有時我們經過朋友或同事家附近，偶爾會想順道去拜訪，此時若不事先聯繫就直接上門拜訪，還是很失禮的，必須事先打通電話，詢問對方是否能去拜訪，對方此時是否方便。

　　連電話也不打就直接前去拜訪，要是遇到對方正好在接待其他客人，會出現怎樣的局面呢？恐怕對方和這位客人都會感到不自在吧？不管怎樣，突然前去拜訪，是會給對方帶來麻煩的。

　　此時，絕不能因為「我只待幾分鐘就回去」或「只在門口稍作寒暄」，而隨意作出任何決定。對方或許會將您請進會客室，或者會為您張羅座位，但對方越是如此，將會使您增加精神上的負擔。

　　無論在何種情況下，前去拜訪時都必須事先約好，這是理所當然的法則。

ETIQUETTE COLUMN

拜訪多久

　　到朋友家拜訪，要待多久的時間呢？視拜訪的目的而有所不同，如果在國外，通常會住個幾天，長則幾週，只要雙方都先說好就一切 OK。如果遠地的朋友來訪，通常都會過夜，這時主人一定會先安排住宿的事宜，但不可當成免費的旅館，一住就好幾天，請記住別人也要上班，也有自己的日常生活要過，所以別打擾太久。

　　如果不是過夜的拜訪，停留時間以一到二個小時為宜，而且挑選時機點也是一種技巧，不要在吃飯前，因為主人會留你下來吃飯或上館子（若事先約好一起吃飯的，又另當別論了），也不要在別人固定休息的時候去，因為有些人一定要午睡。如果是晚上去拜訪，最好是人家吃完晚餐、收拾好廚房以後，大家都輕鬆，但不可逗留超過晚上十點，最好九點半就起身告辭。

四、家庭拜訪應避開吃飯的時段

　　去朋友家裡拜訪時，必須注意的是時間。與拜訪公司時相同，做家庭拜訪時，必須特別留意避開吃飯時間。

　　早上的訪問應在 11 點之前結束。如果太早，就會和早餐發生衝突；如果太晚，又會涉及到吃午餐的問題。如果臨近中午，最好選在 10 點半至 11 點之間。超過 11 點半的訪問，絕對應當避免。在這時段訪問，就好像要對方家裡給自己準備午餐似的，傍晚也是一樣，過了 5 點，任何家庭都會開始準備晚餐，最遲應在下午 2 點左右訪問，並在 5 點前離去。

　　突然要去訪問時，應考慮到時間因素，先和對方約好。如果你說「我現在到了您家附近，所以想來拜訪您。」雖然對方不會直接了當地加以拒絕，也不可以認為是理所當然，最好先告知對方：「我必須在中午之前告辭，所以請不要費心了。」讓對方打消要為自己預備午餐的顧慮。

五、取消拜訪時，應打電話通知對方

　　若已經跟對方預約拜訪，卻因為緊急事件而不能前往，若連打電話的時間都沒有，這是最違反禮儀的，不論是什麼樣的事，都必須事先打電話告訴對方約會必須取消。

　　或許對方因您要來訪，而正在準備美味佳餚，如果您事先打電話取消約會，對方還可以將它們放入冰箱以便第二天使用。可是，如果不進行聯絡，對方就會無所適從。由於沒有聯絡，對方會以為您稍晚才會抵達，因此還在準備飯菜，而做好的飯菜大部分會白白地浪費掉。為了避免發生這樣的事情，所以必須進行聯絡，以取消約會，這是為維持基本禮貌，而應當遵守的規則。

　　至於商業上的拜訪，若要取消約會，更一定要事前打電話聯絡，最好在確定不能前往時就要告知，千萬不可在拜訪前數十分鐘才臨時告知，應提早通知對方，誠懇地告知原因，請求對方原諒並另約對方方便的時間。筆者在父親往生當天晚上，原本已應邀到臺中市某扶輪社演講，但事發突然，因此在當天上午立刻以電話告知原因，並請對方原諒，很感謝該扶輪社的體諒。

六、探病注意事項

　　到醫院探病，醫院都有固定的探病時間，可以事先打電話問醫院的服務臺，因為病人需要休息與休養，所以不要逗留超過十五分鐘以上，絡繹不絕的親戚朋友，只會讓病人更累，家屬因要招待來訪者，反而無法專心照料病患，所以現在也流行在病房門口放一本簽到簿，表示你有關心病人，但不必進入打擾，是值得推廣的。

七、要不要帶「伴手」

　　所謂「伴手」就是禮物或土產，除非是自己最親的家人，否則以傳統的禮儀，去別人家拜訪一定要帶禮物，其實在國外的禮儀也是一樣，所謂人同此心，心同此理，這是最基本的做人道理。

　　「禮物」是不是要很貴重，才能顯出你的禮貌呢？

　　合適的禮物才是最重要的，禮物的金錢價值並不能決定一切，所謂「合適的禮物」，指的是對方家庭會喜歡而且很實用的物品，有時候「土產」反而更能夠表現你的誠意，例如自己家裡種的「有機蔬菜」，或自己親手烘烤的「Cheese Cake」等等，也有些人喜歡送花或綠色盆栽，筆者個人認為，送「綠色盆栽」比較有環保概念，當然你也可以選擇送書或其他的東西。

▧ 拜訪友人時送束鮮花也是不錯的選擇。

八、主動告辭回家

　　時間一到就要結束話題，不要久留。

　　前面提到拜訪不超過一到二個小時，當客人的人一定要主動提出結束會面，因為主人不好意思趕客人，自己要能知道何時需告辭，主人如果再留，也千萬不能真的留下來，因為好的結束會令人期待下次的聚會。

第二節　接待禮儀

　　招待朋友來訪有兩種，一是我們主動提出邀請，另一種是朋友希望來拜訪我們，這兩種不同的邀約，我們都要一視同仁「來者是客」，不能施以大小眼；當然，有計畫性的來訪對我們較為方便，可以有充裕時間做好各項準備。

1. 確定時間

　　不管是宴客或是家庭聚餐，甚至只是家庭的小聚會，都要先將時間確定下來，而且最好二個禮拜至一個月前就要通知，詢問客人是否能夠前來參加，因為大家都忙，所以只要大部分的人能來就已經非常不錯了，我們不可能要求所有的朋友一定要到齊。

2. 寄發邀請卡

　　這一點是臺灣社會最欠缺的國際習慣，我們會寄發邀請卡或請帖的機會，通常只有訂婚、結婚、搬家喬遷、生日壽宴時，才會特別印刷帖子，其他的聚會大部分都是打電話來通知。

　　如果可能的話，今後有任何的宴客或聚會，都要準備邀請卡或請帖，可以到規模大一點的文具店或書局，購買現成的空白卡片，用手寫或是用電腦製作後列印。在國外的任何節目聚會，寄發邀請卡或請帖，是很普遍且需要的，我們也要養成這種習慣，其實古時的中國社會也很重視請帖，不但有固定的格式，連時間的規定都很嚴格，如七天前收到帖子稱為「請」、五天前收到帖子稱為「邀」、三天收到帖子稱為「約」、一天前收到帖子稱為「喚」、最不禮貌的是，當天收到的帖子稱為「叫」，收到的人是可以拒絕參加的。

3. 再次確定人數

　　聚會的三天前，我們仍要以電話再次確定參加的人數，雖然我們可以設計回條，但通常會寄回的人並不多，而且有可能臨時變卦，因此三天前的電話，一來是表現誠意的再度邀請，提醒對方要記住邀約時間和地點；二來是作最後確認工作，核對參加人數，好準備各種相關工作。

4. 會場的準備

　　會場有可能是自己家裡，也有可能是飯店或是臨時租來的一個場地。無論任何地方，我們都要好好設計或裝飾一番，如果是家裡，更要好好打掃得乾乾淨淨。如果是飯店或租來的地方，就要事先商量好，與對方談妥要如何布置與費用的多寡等等，但請記住，一切要有環保概念與節約的習慣，切莫打腫臉充胖子。

5. 誠意最重要

　　主人是否扮演好主人的角色，重點並不在於花了多少錢，而是費了多少心血，如果你很用心，相信所有的客人是可以感受出來的，並非如現在一般人所說的「排場」或是「花費」，才是待客之道。你很用心的挑選音樂或是費神安排大家的座位等許多小小舉動，反而更加的貼心，讓客人們感受到你的心意。

6. 營造愉悅的氣氛

　　主人很重要的任務，就是讓客人有「賓至如歸」的感覺，在西方社會，主人喜歡在客人一進門時，就對所有的客人說「feel like in your home」或更簡單的說法「enjoy yourself」，請大家不要拘束，但是說實話，主人所表現出來的態度，才是最重要的，也最容易影響客人的心情。

7. 送客

　　參加過結婚喜宴的人都曾有過的經驗，就是新郎新娘站在門口送客，新娘還要手捧糖果和香菸，來招待客人。其實，不只結婚喜宴要送客，任何的聚餐和聚會（在家裡的也一樣），當主人的人一定要在結束時，送客人出門，如果人數少或是客人的身分特殊，更一定要送到車上，無論是自己開車或搭計程車或搭公車，這是一種最基本的禮貌，也是當一位標準主人的禮儀，千萬不要因餐會進行得順暢愉快，到了結束時，卻留下不完美的結局、功虧一簣，所有努力都大打折扣。國人講求的是「迎三分，送七分」，可見虎頭蛇尾的方式是絕對錯誤的。

8. 謝函

　　標準的國際禮儀，當主人的要在聚會或聚餐後，寄一張親筆簽名的謝函，表示感謝客人撥冗參加本次餐會，及對萬一有招待不周之處，致上最誠懇的歉意。這件工作經常被我們所忽略，希望大家知道以後，要開始帶動，學習符合國際社會的禮儀。當然客人亦應在接受主人的招待後，回到家立即親筆寫謝卡或謝函，感謝主人熱情的招待，最好的寫作內容就是要舉出讓你特別難忘的食物或布置，表示你對於這次的招待印象至為深刻且難以忘懷，此外，待下次有機會時，再由你作東邀請大家來聚會。

延伸閱讀

- 一分鐘成功自我介紹，邱仲謨著（臺北：禾雅文化事業有限公司，民 88 年，初版）ISBN: 978-957-836-523-0
- 完全禮儀手冊─商業社交禮儀，麗堤蒂亞・鮑德瑞奇原著；陳芬蘭譯（臺北：智庫文化出版，民 84 年，第一版）ISBN: 978-957-955-303-2
- 快樂的上班族─創造企業生涯的新契機，古谷治子著；魏珠恩譯（臺北：創意力文化事業有限公司，民 83 年，初版）ISBN: 978-957-949-170-9
- 社会人の常識，岩下宣子監修（東京：株式會社枻（えい）出版社，2013 年，一版二刷）ISBN: 978-4-7779-1927-7
- 商業禮儀，黃馨儀著（臺北：臺視文化事業股份有限公司，民 84 年，初版）ISBN: 978-957-565-208-1
- 陳冠穎的禮想國─商業社交禮儀，陳冠穎著（臺北：中華民國禮儀推展協會，民 80 年，初版）ISBN: 978-957-970-170-9
- 禮儀之美，釋證嚴著（臺北：靜思文化，2007 年，初版）ISBN: 978-957-13-4615-1
- 禮儀寶典，鄭麗園（臺北：智慧事業體，民 89 年，初版）ISBN: 978-957-309-713-6
- 職場魅力大出擊，千鶴子作；彭宏譯（臺北：私房書屋出版有限公司，民 87 年，初版）ISBN: 978-957-845-643-3

Part 4

<table>
<tr><td>

11
Chapter

</td><td>

商務飯店與度假旅館

</td></tr>
</table>

出門在外，住宿不可或缺，住宿條件的優劣，會直接影響旅遊品質與興致，不可不重視。住宿期間的長短、飛機抵達班次早晚，並考慮生意上的需要、住宿費用的多寡、交通的便捷性、商務通訊是否齊全，及距離市中心遠近等，還有在旺季時更要提早訂房，並加以確認，如商務或會議，建議住一流大飯店，而房間規格可略低檔，既有面子又有裡子。無論去哪個地方，都應建立個人良好的形象，所以有些通用的國際禮儀是不可不知道的，想當一個有水準且受尊重的消費者，最好是出國前就先做好預習，才不會丟臉丟到國外！

❉ 到海島度假是正流行的度假型態。

❉ 要享受五星級飯店的服務，也要有五星級的國際禮儀。

住與行篇

第一節　飯店、旅館禮儀

1. 辦理住宿應有的禮貌

　　住宿旅館應事先以電話或傳真預定房間；抵達旅館先到櫃檯辦理 Check-in，拿護照與訂房紀錄給櫃檯服務人員，等服務人員辦好手續、拿到房間鑰匙後，由領檯服務人員協助提行李帶路前往客房。進到房間後，別忘了給提行李的服務人員小費（小費在旅行中可發揮不小功用，為自己解決許多難題，應

❉ 高級的度假旅館。

119

善用小費）。通常給小費的標準是：給紙鈔，不能給銅板。若是當地貨幣就先詢問當地行情，一般都是以美金一元當成基本小費（一件行李一美元），若服務更好時，則可以給更多。

2. 住宿旅館的禮貌

住宿休息，貴在安靜。在旅館內應將房間緊閉，小聲談話聊天，電視或音樂聲音應求適當；晚間要找其他房間朋友聊天前，宜先打個電話，看是否適宜造訪，貿然造訪是很失禮的，臨時起意造訪，如果門口掛著「請勿打擾」的牌子，訪客應識趣離開。不可著睡衣、拖鞋於公共走廊行走，可以居家便服

❆浴室內洗臉臺上的清潔用品。

及海灘拖鞋代替睡衣拖鞋，但絕不能穿著隨便的衣服前往大廳。更不可開著門，像夜市一般人來人往走動大聲嚷嚷，易引起其他住房客人的側目。

3. 個人衛生用品的使用

房間內的用品，如毛巾、牙刷、香皂、洗髮精、沐浴乳、乳液等等，是旅館提供的服務物品，牙刷、男用刮鬍刀、梳子屬即用即丟型的消耗品，帶走無妨，但毛巾、床單、吹風機則是旅館所有物，如果順手牽羊，固然旅館方懶得與你斤斤計較，但暗中鄙夷，賠上的則是

❆ 包裹頭髮用的長方巾。

❆ 擦身體用的大方巾。

❆ 腳踏墊：放在浴缸外的地上使用。

❆ 淋浴時一定要將浴簾放進浴盆內。

整個國家的形象，不得不小心謹慎。對於浴室內的三種毛巾，正確使用方法是小條的毛巾用來擦手，中條的毛巾用來擦乾頭髮與包裹頭髮，大條毛巾用來擦乾身體；此外還有一條長方巾，則是腳踏墊，放在浴缸外的地上，防止滑倒和冰冷的地磚。

4. 接受服務別忘了給小費

前面述及打點小費是免不了的，國人雖然多金，但入境隨俗，宜事先打聽「行情」如何？可向有旅行經驗的友人、同事、導遊或旅館櫃檯人員探詢，一般而言，美金一元至二元之間是「一般」標準，若要付當地貨幣，可向旅館櫃檯兌換。勞煩到服務人員，即應給予適當小費，請千萬注意給小費絕對不是施捨的行為，而是從內心感謝服務人員所提供的貼心服務，因此給小費時，應落落大方，將紙鈔對折再對折後，以食指與中指夾住，面帶微笑頷首點頭給予感謝。此外為感謝打掃服務人員，每天上午可在枕頭下方放一些小費感謝他們的辛勞，相信一定很快會成為受歡迎的客人，對外地來的旅客而言，將可得到許多意想不到的協助。如果給的小費超出一般的行情時，服務人員也會禮尚往來，自掏腰包買小禮物，如一朵鮮花或一顆巧克力來感謝，絕對不能將銅板或硬幣當成小費給服務人員。

W.A.

北國的雪景令人嚮往。

W.A.

到國外旅遊應如何給小費，應先探聽一般的行情。

住與行篇

5. 飯店大廳

　　大廳為住宿旅客、來訪賓客使用最頻繁的公共場所，一般都設有沙發座椅等休憩區，主要供來往旅客暫時性的使用。有的還設有酒吧區，如果坐在酒吧區最好點一杯飲料，若只是入內聊天，雖不至於被人請離，但是若恰有其他旅客欲使用，總是不好。另外在大廳內必須服裝整齊，切忌著拖鞋閒逛（但如在度假型的旅館，前往游泳池、沙灘或是三溫暖的路過行為，則無妨）；此外，在大廳應避免大聲喧嘩、高聲談笑，且在等待區內不宜一直霸占不走，影響他人等候。以上所言指的是一般商務飯店，如在夏威夷等地的度假休閒飯店，則泳裝、拖鞋並無不可。若有大件行李，最好也請服務員代為送至房間內，不可為省小費而自己在大廳內如逃難般地大搬家，十分難看。

　　飯店大廳通常設有一位經理級以上的服務人員，有任何疑難雜症，皆可請他協助幫忙，有些大廳經理若西裝上配戴著「兩把鑰匙金徽章」，表示他的專業服務已達世界級認定的標準，稱之為「萬事通」先生，找他幫忙訂歌劇門票甚至訂機票，都難不倒他，但請別忘了感恩的小費。

6. 電視付費

　　電視分為付費及免費兩種。付費電視一般在電視機上方有一個盒子，上有 A、B、C、D 等按鈕，如果按下任一按鈕（表示選擇某一影片）則須付費，但多有二至三分鐘免費試看時間，按下按鈕後其上還會有「確定」及「取消」的按鈕，可以試看後再行決定。如果有不小心誤按的情形，在次日結帳時可以明確告知櫃檯人員自己並未偷看，一般的飯店秉持相信客人的態度，會註銷收費單，但客人必須簽名以示保證。

✂ 付費電視有「確認」鍵，若按下，表示願意付費。

7. 迷你冰箱

房間內放置付費飲料提供房客方便飲用，但是各項果汁、汽水、可樂及酒類均較為昂貴，非不得已，盡量不要取用。有些飯店則冰箱內空無一物，主要是讓房客自由購物冰凍之用。若飲用任何飲料，請於 Check-out 時主動告知櫃枱。

✖ 旅館內小冰箱提供各式付費的飲料和點心，自行取用，事後結帳。

8. 計費電話

有些地區的電話是由接線起計費，不論對方正在通話中，或是無人接聽，超過五、六聲以後就自動計費了，此時應立即掛斷，待會再試。有些人不明此一情形，認為飯店在伺機敲詐，所以也常有糾紛發生。實際情形是飯店必須付費給當地的電話局，但卻又無法向客人收費，可說是有苦難言。還有些人明明打了電話，第二天離開飯店時卻故意趁亂忘了去結帳，造成飯店不少的損失，因此有些較為落後國家的飯店乾脆就把電話上鎖，如果有房間的住客使用電話打長途或是國

✖ 需付費的飲料都會特別註明；其他皆免費使用。

際電話時，必須親自前往櫃檯要求開放，並且必須預付一小筆押金，才可接通外線，當然，如果是外面打進來或是房間對房間、市內電話等，是不受限制的。

◎ 無論星級，放諸四海皆準

從機場出來，在出境大廳裡都會有各旅館的接機代表，如果你已經事先預約了某飯店，直接找該旅館的櫃檯請他們送你到飯店即可。你也可以選擇搭公共運輸工具，如巴士、捷運、電聯車等到飯店，或選擇排班計程車，但請記住：搭計程車或專車，是要給小費的。

住與行篇

若你採自助旅行的方式，可以在出境大廳取得各種相關的旅遊資訊，包括青年旅館（YH 系統）或便宜的民宿資料。建議年輕人應該多多嘗試自助旅行（千萬要特別注意安全），以便宜的費用達到行萬里路、增廣見聞的目的，亦能考驗自己的能力，並認識更多的新朋友。所以自助旅行是有計畫性的，所有的行程最好在國內就要先安排妥當，包括住宿在內。

✄ 標準雙人房的型式：兩張單人床。

到達旅館後，先到櫃檯辦理「報到」(check-in)，此時你要拿出護照 (passport) 給櫃檯服務人員登記，並告知你要住宿的天數。通常飯店不會要你先付房租，但會請你先簽空白信用卡簽帳單（不填金額），或填有預定住宿天數的金額，這時請先簽名沒關係，飯店的這項作法只是例行手續，無須緊張。等到你要離開時，飯店會計算你的實際花費，然後再重新請你簽帳，但千萬要記住，你必須親眼看到服務人員將第一張簽帳單撕毀。

✄ 日本旅館：以榻榻米張數來計算大小。

你希望住哪種房間，在 check-in 時一定要先溝通好，不要等進了房間才發現與你的預期不符合，還要重新換房造成許多不便。旅館設置有吸菸樓層與不吸菸樓層，對於菸味敏感的人要特別提醒，有景觀與沒景觀是

✄ 旅館的浴缸都已經清潔並消毒過，可以放心享受泡澡的樂趣。

不同的（價格上不同），單人房稱 Single Room（通常可睡兩個人）；雙人房稱 Double Room（又可分為一張大床 double bed 或兩張小床 twin bed）；

附有客廳的豪華套房稱為 Suites Room。所以你要自行決定住何種房型，飯店加床是否加價，視各飯店的優惠而定。

第二節　寄宿及民宿禮儀

　　寄宿友人家時，要是對方家中有僱請傭人，對傭人的態度也應尊重，有些寄宿在朋友家的人，會認為對方是傭人，就刻意對他使喚來使喚去的，表現出一副高傲的姿態。如果不尊重對方家裡的傭人，也同樣代表不尊重主人！

　　由於寄宿在他人家中時，相對地也會麻煩到傭人，他的工作量會因為你的拜訪而增加，所以對待傭人的態度應該要和善，並且自己的雜事也盡量不要交給傭人來為你服務，能自己處理才好。

■ 雙人房的另一種型式：一張大床。

■ 度假型的別墅：提供廚房和泳池。

　　辭行時也應該存有一顆感謝的心，送一些小禮物或小費給傭人以表謝意。大多數的人會認為小費只有在飯店或餐廳才需要給付，但是小費應該是一種發自內心表達感謝的方式，給予小費的人應該心存感恩，而收小費的人不需感到自卑，大方收下即可。

　　住宿親戚或朋友家，請記住使用任何物品前，最好都先開口詢問是否可以借用，尤其是電話，雖然方便但也請尊重主人，若要打國際電話時，最好到外面公共電話使用，因為幾天的借住，真的是會帶給主人許多不方便的情形，例如筆者全家自助旅行到洛杉磯的朋友家裡住一星

■ 英國鄉間民宿，主人家中的花園角落。

期，期間我們都不好意思使用朋友的洗衣機，怕造成他人的不便，也盡量不要影響到他人的日常生活起居習慣。

　　國外旅遊有人喜歡民宿，稱 B&B(Breakfast and Bed)，除了較省錢，還有家的感覺 (Make you at home)，撫慰異地遊子心境。還有人喜歡挑優質的民宿，有別於大飯店的情趣，而是更精緻細膩的度假。為何要放著豪華漂亮的觀光大飯店不住，卻要跑到交通並不方便的郊區去住民宿？只要是住過民宿的朋友均知曉，主人將會如數家珍地提供旅遊相關資訊，再加上具有當地特色的餐飲，與親切的生活關照閒話家常，為異地遊子提供了家的感覺。以下是寄宿及民宿應有的禮儀，讓各位作客時參考：

- 應保持借宿房間內的清潔。

- 居住他人家中，進出臥房更應注意自己的衣著，不要穿著睡衣或不雅的衣服出入臥房，以免造成主人的困擾。

- 起床睡眠時間應盡量與主人一致，如將晚歸或早起應先通知主人，以免主人擔心。

- 如需打電話亦須先告知主人。若能協助幫忙一些簡單的家務事，如飯後洗碗、協助打掃公共區域、割草或換燈泡等，這些舉手之勞都可以換得更多的友誼，但要注意要以主人做事的方式來進行，不可越俎代庖做出不是自己應做的事情。

- 對於主人家中的事，不要心存好奇，事事探詢；更應注意自己言行，以免在不自覺中製造主人家中的矛盾，避免因自己的言行不夠謹慎而造成屋主的麻煩。

- 對於主人家中的擺設，不要任意改變。在外國人家裡住宿時，住宿者與房東二者之間，如果不是私交，就是租賃關係，即使是很要好的朋友關係狀況下，在外國朋友家裡住宿應支付一定數額的費用，因為這樣才能維持長久的友誼，與房東之間若是存在租賃關係，更需依約付費。

- 離開時，不要忘了向主人道謝，將房間整理乾淨，並把應付的費用結算清楚。作客友人家中，除了增加彼此瞭解及接觸的機會，更應藉此機會增進彼此的關係。

- 外國人比較強調個人隱私，忌諱他人妨礙自己的私生活，因而通常不大喜歡讓外人在自己的家裡留宿，外國朋友若沒有主動提議邀請你住宿他家時，最好不要提出這種請求。

ETIQUETTE COLUMN

珀爾特沙赫－美麗小漁村

　　珀爾特沙赫是奧地利人認為最美的湖邊度假小漁村度假聖地，有一年筆者一家自助旅行，我們以為找個濱臨水波的旅館應該不是大問題，到達鎮上，舉目所見都是美麗的度假別墅，心中大感快慰，以為可以在臨窗的房間欣賞夕陽、眺望煙波、早晨又可乘船遊湖，豈不美哉？誰知連續詢問幾處有私人碼頭的度假別墅，都早已客滿，其中有一家的主人知道我們只想過一夜時，以很不可思議的口吻重複問一次：「One night?」尾音還特別提高八度，深怕我們的英文講錯了！她告訴我們她的房間至少要租一週，而且要先預約。後來我們住進的旅館，是一家據老板自己所說，在房間可以「看到」湖邊的小旅舍，結果卻是緊臨大馬路，約走 10 分鐘才能抵達湖邊的旅舍。但既來之則安之，把握最後白晝，好好地漫步環湖一周，只能用「美極了」來形容該地的湖光山色！

　　奧地利附近國家的居民，度假方式與我們是不一樣的，他們喜歡住在一個定點，作放射狀的行程安排，不像我們每天要換一個地方，從甲地換到乙地，又從乙地換到丙地，我們這次的自助旅行，雖然行程較有彈性、時間較充裕，但仍脫離不了上述的旅遊模式，每天早上起床後，就是要匆忙地收拾打包行李，準備到下一個景點找投宿地點了！

第三節　度假小木屋禮儀

　　無論是在山林、湖邊、山之崖或海之濱，只要是風景宜人的地方，就會有度假小木屋的蹤影，遠離人間煩囂，偷得浮生半日閒，的確是令人嚮往與期待的事，以下是必須注意的地方：

1. 營火晚會

　　若是晚上在營區內，有營火晚會舉行時，不可一直與自己的同伴聊天，最好與不同的在座者輪流交談，一方面是禮貌，一方面也可得到不同的經驗。談話內容以輕鬆內容為主，忌談政治、宗教等問題，若有不同意見時，則以更換談話主題為佳。若有輪流表演節目，則也須大方以對，其實這種活動多屬交流

❈ 近年來臺灣各風景區都有各種民宿可供選擇。

性質，水準如何不必介意。若有人請喝酒類等飲料，則須伺機回請以示禮貌。

　　但在臺灣卻有另類營火晚會，有次筆者全家到谷關溫泉區度假，當晚就在旅館不遠的空地，有某個團體在此處搭帳棚露營，誇張的是他們竟架起流動式的卡拉 OK，輪番上臺引吭高歌，吵得筆者無法成眠，到深夜十二點前往強烈抗議下，他們才悻悻然結束，這種行為實屬過度放縱自己的喜好，而未考慮到他人的安寧。

2. 小木屋

　　小木屋的隔音一般都不佳，所以若有喧囂嬉鬧的活動時也不要玩得太晚，以免影響鄰近住宿者的睡眠，可能他們正計畫隔天清晨來一次慢跑或是沿湖健行呢！

　　小木屋由於都是木材搭建而成，所以防火至為重要，除了不要躺在床上吸菸，以免不知不覺睡著而釀成火災外，若有油燈也最好在睡眠時熄滅，並放到門外，防止油燈不小心被踢倒而引發災難。

有些小木屋僅提供床鋪以供休息睡眠之用，所以睡袋等寢具必須自己攜帶，否則保證一夜難眠。若遇旅遊旺季時，小木屋可能不敷使用，此時就有可能要與陌生人一起共用，當然也是採先到先選的原則，這時不但穿著方面要加以注意，言談舉止也必須留心，不要造成別人的負擔與壓力。此外，個人財物也必須收藏妥當，以免引人覬覦。

不過說實在的，一般小木屋的租金並不高，就算人數不足，也可以租下其他床位獨宿一間，如此雖多花一點代價，但可得到完全的自由。小木屋一般的鎖頭都屬於簡易型，真的要打開並不難，所以外出時不要把貴重的物品放在裡面，以免不翼而飛。洗完衣物曬在外面時，應掛在曬衣繩上晾曬，不要隨意把衣物到處亂掛亂曬，不太雅觀。

有些木屋會提供簡易的廚房設備可供烹調，用完餐後務必將餐具清洗乾淨，器皿歸回原位，垃圾等也一律密封收妥，以免野生動物等闖入，將垃圾弄得一塌糊塗。

3. 野外露營之禮儀

營地選擇正確與否，不但影響露營的趣味與品質，而且也與安全有關。

以下為較佳之露營地：

(1) 接近水源：不過也不宜太接近，否則易受蚊蟲騷擾，而水源一般又是動物夜間飲水之地，所以紮營之前先觀察清楚較安心。此外若上游下雨，恐引起山洪爆發，因此亦不可太靠近溪邊紮營。

(2) 山丘上：不但景觀好，又可以防止大雨時溪水暴漲或積水成澤。

W.A.

露營是不錯的度假方式，但亦應遵守營地禮儀。

以下為較不佳之露營地：

(1) 大樹下：樹上可能有蜂窩，如遇雷雨時也有遭雷擊之慮。

(2) 河邊：最怕溪水突然暴漲，因為露營區雖晴空萬里，但在上游集水區可能已是傾盆大雨，容易讓人失去對洪水的警覺心。

(3) 擋住其他露營者通路：若先來者占了好地點，不可硬擠在一堆惹人厭，喜歡野營的人一般都喜歡擁有一片自己的天地，請務必互相尊重。

以下是野外露營須注意事項：

(1) 避免喧鬧：若不遠處也有其他露營者時，不妨先加以觀察，若是對方正在靜靜看書，或凝視風景遠眺大自然時，你的喧鬧必定會影響到他們，再加上烤肉的油煙，極可能毀了他們的假期。

(2) 露營用具：露營用具及必備品也務必一次準備齊全，不要一會兒向其他人借鹽，一下子借手電筒，別人口中不好說，心中一定不大舒坦。

(3) 垃圾：有野生動物出沒的地方，請務必把垃圾及未吃完的食物用密封袋收藏，以免嗅覺靈敏的動物如熊類等夜晚造訪。如果沒有把握，不妨把食物、

❊ 日月潭的湖光山色，是露營的好去處。

垃圾拿出營帳之外，掛在遠處的樹枝上，如此就算來了不速之客，也不會直接闖進你的營帳中了。

(4) 洗滌：洗滌時須注意避免汙染湖水或是河水，尤其是十分油膩的器皿。如果沒有公設的洗滌臺，那不妨以水桶等容器提水上岸再加以清洗，雖然較麻煩但卻環保，剩餘的水可倒入林中或樹叢內，不可再倒回水源中。

第四節　青年旅館之禮儀

　　青年旅館 (Youth Hotel) 為相當流行且普及的短期住宿方式，不但價廉物美，對經濟能力不是很寬裕的年輕朋友更是受惠頗多，而且又可以認識來自世界各地的自助旅遊愛好者，彼此分享旅遊的經驗與交流不同的文化，實在是好處多多，這也難怪眾青年朋友均趨之若鶩。

　　有些人以為青年旅館的設備就比較差，其實這是不正確的想法。在國外，尤其是歐洲地區，有許多青年旅館座落在山之巔、水之湄的風景名勝區內，甚至有些新設立的青年旅館不會過於陽春，直可媲美二、三星級的大飯店。最大的差別只在於青年旅館重視自己動手或互相幫忙，不像住宿旅館事事有專人為你服侍得像貴族般的尊寵。

1. 資格

　　青年旅館必須先辦會員證，手續十分簡便，只需護照、照片及些許手續費即可，一般以一年為期，效期截止後再續辦。在出國前先辦妥或是抵達國外後再行申辦均可，費用與手續也類似。

　　有些國家可以接受家庭會員及團體會員，這是為了方便全家駕車出遊或是學校學生集體旅遊所設，不過最好事先查明以免遭拒。

2. 天數

　　有些旅館嚴格規定同一會員不得連續停留超過三日以上，這乃是著眼於其服務宗旨，以讓優惠能普及其他人，而房間未住滿或是淡季時則另當別論。

3. 房間

　　由於青年旅館有不少是由家庭或機關改建而成，所以它的房間數有極大的差異。小的可能只有 8~10 個房間可租用，大的則有好幾十間房。不過一般青年旅館的容納標示均以床位為單位，因為每個房間的面積大小不一樣，而其內可放置的床位數也不同，所以用床位來標示是比較正確的。

4. 房間內的設備

房間內的設備十分簡單，一般僅有床鋪和床頭置物櫃而已，有些地方甚至採用上下鋪的床位，而旅客依先來先挑的原則，總之每人都有一張床可供休息就是了。

5. 相關規定

除了家庭房之外，均為男女分房住宿。報到時必須自行前往櫃檯租用被單、枕頭套、毛巾等盥洗用物品及寢具，行李也是自行處理，當然鋪床疊被也是個人動手的，有些地區的青年旅館則要自備床單或睡袋。

6. 洗手間、浴室

洗手間和浴室均為公用，採男女分開式，有些浴室只有浴簾、並無隔間，外國女性早已習慣，但我國女性似乎仍難適應，每次進浴室總是設法擠進去最後一間。

7. 餐廳

旅館多有附設餐廳供應早、晚餐，早餐通常已包括在住宿的費用內，而晚餐則必須另行付費。一般餐食多以自助餐方式較為普遍。也有一些青年旅館提供小型廚房或簡單廚具，使用後請注意要將公共區域清洗乾淨，並物歸原位。

8. 兌換

青年旅館多有提供外幣兌換服務，其匯率會比其他的觀光旅館來得好，手續費也低。有些也提供郵電服務，販賣郵票、電話卡等等，都是以服務會員為出發點的。

9. 洗衣

有些設有自助洗衣設備，自購洗衣粉然後投幣洗衣、烘乾等十分方便，為長途旅行的旅人提供了相當大的幫助。

10. 門禁

　　均有嚴格門禁管制，超過夜晚十一或十二點者一律不得進入（除非爬牆），這是怕歹徒趁黑夜潛入而規定的，因為旅館實施管理制度，所以會像住宿舍一般的管制進出，確實會有一點不習慣，不過只要想想是為了安全，也無須計較。

11. 財物

　　由於住在同一間寢室者幾乎都是陌生人，彼此不認識，所以貴重的物品務必收藏妥當，不要炫耀，避免招人覬覦。

12. 交談

　　會到青年旅館住宿的人，大多都是真正的自助旅遊愛好者，也都比較活潑開朗，所以不妨主動與其他人打招呼並自我介紹，畢竟後入住者主動向先入住者致意，是必要的基本禮貌。如果只是自顧自地做自己的事，對其他人視若無睹，是非常令人嫌惡的。交談內容以旅遊經驗交換和各國風土民情為佳，謹記「少批評」、「多讚美」之原則絕對錯不了，用字遣詞也避免尖銳，以免刺激到意見相左的人，一個爭強好辯的人，就算經驗再豐富、能力再強，也永遠不可能受人歡迎。

ETIQUETTE COLUMN

貼心叮嚀

　　住宿大飯店或旅館，在拿到房間鑰匙後（有可能是一張磁卡），會有行李員替你拿行李，帶領你到房間，進房間後，當行李員安置好你的行李，會技巧性的詢問你：「還需要什麼服務嗎？」或是站在房間門口不離去，都是在等待你給他小費，國際慣例是一件行李給美金一元，不給會讓人覺得你很小氣或不懂禮儀。

　　即使是五星級大飯店，也可能會發生失竊的情況。飯店會提醒你，貴重的東西最好託寄在櫃檯，或鎖入房間的小型保險箱內。進房後，養成立刻反鎖的習慣，洗澡時務必將重要資料隨身攜帶入浴室，或有人留守在房內（因為經常聽說國人遺失東西，都是在洗澡時發生）。萬一東西遭到偷竊，還是要向飯店值班經理反映，請求向當地警方報案，尤其是護照或旅行支票遭竊，才有憑證以利事後補發。飯店對於房客物品遺失，不會理賠只會協助報警，並提供錄影資料配合警方調查。

　　飯店的客服部服務人員，是可以自由進入你的房間的，他的理由是來巡視你有沒有任何需要，如加熱水或補充冰箱的飲料，甚至傍晚來為你的棉被（通常是毛毯）抓開一個三角形，這個動作叫「夜床」(Night Bed)，讓你很容易鑽進棉被裡入睡。每天早上也會來幫你清理房間 (Make Up)，補充盥洗用品。你為了表達謝意，可以在枕頭下放置美金一元到五元不等的小費。房間冰箱裡的飲料或食品，是需要付費的，價目表就放在附近，請你先看清楚定價，再決定要不要取用。有些飯店的冰箱跟記帳電腦是連線的，即使你沒有喝，只是好奇拿起來看看，也會被列入帳單內，不可不注意。建議除非必要，盡量不要動用到冰箱內的飲料或食物，否則成了冤大頭就太划不來了。

　　有些基本的國際禮儀常識，像搭乘電梯要禮讓婦孺並主動幫忙按住電梯、電梯內不可抽菸或大聲交談、不可穿著拖鞋或睡衣串門子或在公共場所走動、到大廳一定要穿著正式服裝、房內不可高聲喧嘩或電視音量過大、不可在房內曬衣服（尤其是將衣物放置在臺燈上方）、不能隨意移動床或家具的位置、不能在房內煮食、不可任意拿取房內擺飾當紀念品……等等。

　　但是飯店也會提供免費的物品供你享用，如礦泉水、水果籃、咖啡包或茶包，使用完了還需要的話，可以通知再提供。當然，每家飯店提供的免費服務項目不一，你一定要清楚有哪些權利能享受，抱著愉悅的心情享受度假的樂趣，像三溫暖、健身房、高爾夫球練習場、圖書室、兒童遊戲室等等。

　　住宿飯店大多會提供「自助式早餐」，甚至有些還提供有特色的晚餐，如義大利美食或法國料理等。吃自助餐 (buffet) 是國人最貽笑大方的事情，讓許多國外人士見識到臺灣人的「超勇猛」，對旅行團的觀感尤其不佳，好似來了一群剛從難民營釋放出

❌ 晚上可到旅館附設的 Bar 或舞池休閒一下。

來的飢民般，不但狼吞虎嚥還偷偷打包，顯然抱著撈夠本的心態，因此期盼大家不要再有這些失禮的行為，一定要致力提升國際禮儀的素養。

　　無論吃何種國家的特色餐飲或自助式餐點，都有一定的規矩和禮儀，請參考「第五章餐飲禮儀－西餐禮儀」內容。此處要特別強調的是吃自助餐的原則，冷食和熱食不要放在同一盤內，每次取菜的量不要太多，更不能堆高到「尖起來」，寧可多走幾趟取菜，也不要一次取回所有的菜餚。

　　有些較特殊的飯店附設有夜總會或合法賭場，尚未成年時，這些場所是不能進入的，務必事先瞭解規定，避免產生紛爭，如此一趟愉悅的國外旅行，才會留下深刻與美好的回憶。

住與行篇

延伸閱讀

- 生活社交禮儀，陳冠穎編著（臺北：中華民國禮儀推展協會，民 88 年，12 版）ISBN: 978-957-995-180-7

- 在他面前不出糗，林慶弧著（臺北：幼獅文化出版社，2011 年，初版）ISBN: 978-957-574-817-3

- 好服務 · 壞服務，蘇國垚著（臺北：城邦文化，2015 年，初版十二刷）ISBN: 978-986-6032-94-3

- 有禮走遍天下，黃馨儀編著（臺北：時報文化出版企業股份有限公司，民 89 年，初版 11 刷）ISBN: 978-957-130-643-8

- 國際禮儀，連娟瓏編著（新北：新文京開發出版股份有限公司，民 105 年，六版）ISBN: 978-986-430-188-1

- 國際禮儀與海外見聞，莊銘國編著（臺北：五南圖書出版股份有限公司，民 106 年，十一版）ISBN: 978-957-119-210-9

- 禮義廉恥－現代人必讀的美德書，簡逸榮編著（新北：菁品文化，2006 年，初版）ISBN: 978-986-7081-48-3

Part 4

搭乘交通工具的禮儀

第一節　乘車的禮儀

　　汽車是現代人必備的交通工具，在日常生活或社交場合，都有與他人一同乘車的機會，此時要留意坐車的禮儀，以免做出讓人不舒服，甚至失禮的行為。

　　乘車時應注意事項：

1. 開車時務必遵守交通規則並注意安全，盡量避免按喇叭。

2. 駕車者或搭乘別人的車時不要吸菸，以免影響到他人。

3. 切忌與司機不停的交談，妨礙駕駛。

4. 男士應禮讓女士，上車時開車門讓女士先行入座；下車時，男士應先下車為女士開車門，對長輩的禮讓，亦應如此。

5. 汽車行進間，若需搖下車窗，請先致意。

6. 開車到達目的地後，如果沒有停車場，在停車時應注意不要擋到別人的出入口，可留下自己的聯絡電話，以便萬一擋到他人時，方便通知移車。

7. 不可在座位上斜躺或橫臥而妨礙他人。

8. 行李應放行李箱，切忌塞進座位上下，而妨礙鄰座。

❖ 國外的火車站需先確定上車的月臺。

Part 4

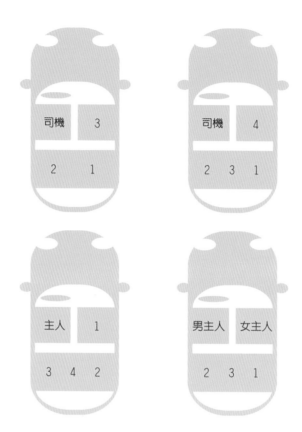

乘車座次禮儀順序。

第二節　簡易渡輪

　　臺灣有渡輪的地方不多,如北部的淡水
到八里;中部的日月潭渡輪;南部的旗津到
高雄、高雄到小琉球;離島的澎湖、綠島或
蘭嶼。此處說明的渡輪指的是簡易渡輪,不
包含行駛於離島的渡輪,搭乘渡輪須注意禮
節有:

搭船到外國的港口也是新的
旅遊方式。

1. 準時到達

　　一般渡輪對於旅客和小型車輛是不須預約的，依照先來後到的優先順序排隊登船；如因搭乘人數過多，則必須等下一班船。而大型車輛由於甲板的空間有限，所以大多必須事先預定，而若提早到達又剛好有空位時，船公司會允許提早登船。

2. 排隊候船時

　　排隊候船一律人車分道，大巴士一排，小汽車一排，行人則不用排，待船靠岸後，工作人員以手勢指揮各車依序排隊登船，井然有序。

■ 上下渡輪時應遵守秩序，尊重他人並確保安全。

3. 船票

　　渡輪的費用一般是人與車分開計費。

4. 自由活動

　　人車登船後即可自由活動，只要在渡輪抵達彼岸前約十分鐘返回車內坐妥即可。但千萬不要遲到，否則船內的車子是一輛緊接著一輛，一部車停止不前，後面的車就會被堵住。

5. 設施

　　渡輪上的設施一般來說較為簡單，不外乎簡餐臺，賣一些三明治、咖啡、果汁等食物，另外兼賣一些明信片、紀念品等，還會有洗手間、電話間、休息艙及觀景甲板等。

6. 緊急逃生演習

　　工作人員會介紹船上的逃生口在何處，救生艇的位置可以容納幾人，以及如何穿脫救生衣。

7. 暈船

　　若知自己有可能會暈船，則可事先服暈船藥，進餐時也不要吃太飽，另外就是盡量睡在下鋪，且要準備足夠的塑膠袋備用。

住與行篇

8. 配合船上規定

　　必須配合船上的規定，如用餐時間（有些船票含餐食）、參觀駕駛艙與船長合影等。

第三節　搭機禮儀

一、前言

　　自從 2001 年美國發生 911 恐怖攻擊事件後，全世界各國政府對於民間航空運輸的安全檢查越趨嚴格，其中又以美國和歐洲國家更是嚴密，甚至滴水不漏的層層把關。因為安全把關真的是非常重要的措施，關係到上百人的性命，因此我們確應理性配合各項安檢措施。

　　而針對 911 事件後的搭機禮儀，也應該有所調整與說明。

✖ 海關檢驗，依序排隊等候通關。

二、訂位宜早，確認做好

　　無論是參加旅行團的「套裝行程」，或是樣樣自己來的「自助旅行」，都有一些必須瞭解的國際常識，現在我們就從搭機談起。

　　飛機的座位分成三個不同的等級：頭等艙、商務艙、經濟艙（當然也有例外，如有些航空公司就增加各種名義的艙等）。不管是哪種等級，飛機的機位一定

✖ 登機前須先完成 check-in 的程序。

✖ 搭飛機要遵守嚴格的安全檢查。

要事先預約。若是熱門航線或是旅遊旺季，更是一位難求，因此訂位是越早確定越好，而且別忘了在出發或回程的四十八小時前，一定要再次確認，否則即使你已經買了機票，也不敢保證不會變卦或被取消資格。

✖ 出國是件愉快的事　但要遵守搭飛機的禮儀。

依照慣例，搭乘國際航線，過去在搭機前一個小時抵達機場櫃檯報到即可，但是現在最好是三小時前就先到機場的櫃檯報到，因為機場安檢的手續與範圍都較為嚴苛。例如將搭乘下午兩點的飛機，最遲應在上午十一點抵達機場，準備完成報到手續 (check-in)。每個機場都要繳機場稅，有的在航空公司的櫃檯代收（通常含於機票內），有的必須先自行購買，而我國採行前者。

買完機場稅，此時可以將本國護照、機票、他國入境簽證或其他證明文件（如入學許可等），連同要托運的大行李，一起交給櫃檯的服務人員。如果希望坐在哪一個座位，如靠窗戶好看風景、靠走道好走動，一定要主動提出要求，當然，越早報到的人，越有選擇的權利。大型行李必須托運，每家航空公司都有自己規定的重量限制，一定要事先詢問清楚，免得被徵收超重費用。

報到手續完成後，服務人員會給你一張「登機證」(boarding card)，告訴你幾點幾分在哪一個登機門 (gate) 上飛機，然後到櫃檯後方等待海關人員掃瞄檢查行李，確定無誤且已進入「輸送帶」後，即可準備前往登機。這裡有個小經驗提供參考，托運大型行李除了要綁上航空公司的標籤外，最好還要上鎖，外觀要做明顯的記號，以便抵達目的地時，領取行李比較容易辨認出來。

✖ 隨身行李要放置在行李箱裡。

住與行篇

隨身攜帶的行李或背包，裝的應是貴重的東西，或是機上需要用到的，當然是越簡單越好，而且包包的體積不能太大（國際標準登機箱規定為：56×36×23cm），否則上機後會找不到地方放置；通常都是證件、金錢、照相機、手機、藥品、禦寒衣物、易碎品、書籍資料等，較不重要的物品則托運即可。飛機上有各種免費的餐點和飲料，不需自備，且各國海關對於水果的檢驗更是嚴格，不要心存僥倖心理。

規定登機時間前半個小時，最好就到「候機室」等候，千萬不可因為逛免稅商場或其他事情延誤登機，因為若你已經 check-in，飛機絕對會等到你登機才會起飛，千萬別讓所有乘客因為你的遲到而等待。登機不可爭先恐後，每個人都有固定座位，不會有重複或占位的情形，一定要依序排隊表現出教養與禮貌。通常，登機的順序是頭等艙或乘坐輪椅及小嬰兒優先，這些都是國際慣例，多幾次經驗就明瞭了！

❖ 在候機室等待廣播上機。

進入機艙後，的確讓人雀躍不已！尤其是首次搭乘飛機的人，覺得什麼都新鮮，什麼都好奇！此時會有空服員引導到座位，不必自己忙著找座位，只要告訴空服員你的「登機證」上的號碼就行了。到了自己的座

❖ 準備進入機艙。

位後，先將隨身行李放置在行李架內，如果你因身高不夠無法放進去，可請空服員幫忙；行李架是共用的，單人的行李盡量不要占用太多空間。嬰兒推車與輪椅交給服務人員處理即可，若隨身行李過大或高級西裝不能對摺，也可請空服員協助。

就座後，先看看飛機上提供的各種資料，如緊急逃生手冊、餐點指南、旅遊資料、免費期刊等等。若有其他乘客需經過你才能入座，請你要面帶笑

容起身讓路，若有任何人需要你的幫助，我們更要義不容辭的幫忙。在機上，男士理所當然要為女士效勞，協助將行李放進置物櫃中。

　　飛機正式起飛前，你可以先在機上認識環境和認識你的左右乘客，但不要過度喧嘩。最常在機上看到的一幕是，旅行團的團員互相吆喝，甚至未經同意自己換座位，有些還會大聲叫喊：「誰要暈機藥？」簡直丟臉丟到國外去！

　　飛機開始滑行前，所有人都務必就定位，且依照機長指示，繫好安全帶，觀看逃生影片與現場指導示範，等待升空。飛機爬升到一定高度後，機長會指示鬆開安全帶，這個時候可以自由行動，但記住不可干擾到其他乘客的安寧，包括動作和聲音。機上會提供電影欣賞，你可以戴上個人耳機選取電影頻道或其他音樂頻道，也可玩電動遊戲，注意音量不要影響到別人。長程航線也會提供簡易拖鞋，當然可以將鞋子換下休息，如果你的腳有異味的話，千萬不可嘗試，免得引起抗議。

　　目前所有的國際航線都已禁菸，千萬不可在機上抽菸，尤其是飛機起飛和降落的時候，更不可以躲在廁所吸菸，那是會引起糾紛的惡行。另外，在機上的任何時間都禁止行動電話、筆記型電腦和收音機，因為這些器材都會嚴重干擾電波頻率，影響飛行安全。

✖飛機上全程禁止使用行動電話。

　　雖然機上的餐點和飲料都是免費的，但也要量力而為；未滿十八歲不能飲酒，莫以身試法；其他各種飲料可請空服員幫忙。你若需要任何服務，像是需要毛毯、身體不舒服或其他任何問題，都可以按服務鈴請空服員前來協助。在供應餐點的時候，是所有空服員最繁忙的時候，最好避開這個時段，免得享受不到良好的服務品質。

搭乘飛機是件愉悅的事，身處在「地球村」的我們，更是常有機會搭乘各種長、短程航線，每家航空公司為了招攬更多客人，都會提供許許多多的服務，包括豐富餐點、服務態度、舒服空間、安全便捷等等，因此瞭解共同的國際禮儀，將會讓你的旅遊更加充實，更加得心應手的享受各種服務。

在候機室等待廣播上機。

ETIQUETTE COLUMN

Happy Landing

飛機降落後開始滑行時，國際慣例都會有「Happy Landing」的行為，乘客一起鼓掌感謝所有的工作人員，包括機長、副機長、座艙長、空服人員等。

上完廁所，狹小空間內充滿異味時，請噴灑空氣芳香劑，化解您製造的惡臭，洗完手後，請用擦手紙將洗手臺附近擦乾淨，讓下一位旅客不會面對溼淋淋的檯面。

網路流傳一位空服人員觀察臺灣乘客的行為後，所寫的搭機禮儀建議，非常值得參考，特轉錄如下：

※ 起飛前

1. 請禮貌性回覆空服員的歡迎，不要聽而不聞，點頭微笑是國際間的基本禮貌。

2. 不要一個人拿三份以上的報紙、兩個以上的枕頭或毛毯，請注意這不是你的包機。

3. 不要帶過多過重的行李，占滿整個行李櫃不說，過重的行李放置物櫃很危險。

4. 放置行李時請不要占住走道，擋住後面客人前進。

5. 請依民航法規定把行李放在行李櫃或椅子底下，只有這兩個地方，不要亂放。

6. 不要在客人還在登機的時候換位子，要換等起飛後再換，若非要換，也不要擋住後面客人前進。

7. 在客艙裡不要大呼小叫，這裡不是你家。

8. 在登機時請空服員拿東西，諸如報紙、飲料、撲克牌時，請耐心等待，這是空服員最忙的時候。

9. 有訂特別餐又換座位者，請一定要告知，不要讓空服員找不到人、沒吃到又生氣。

10. 空服員核對特別餐的時候，是根據艙單跟你核對，有問題請找你的旅行社隨行人員處理，素食也許還變得出來，但請不要再挑剔了。

11 找到位子後就快點坐下，飛機滑行的時候不要起身走來走去，有人站著飛機就不起飛，這是飛機，不是公車。

※ 起飛後

1. 發枕頭毛毯的時候，要就要，不要就不要，不要等空服員已經發完了才說要，增加麻煩。

2. 需要特別的東西請耐心等待，飛機上不是只有你一個客人。

3. 服務鈴請看好再按，不要為了試搖控器，按了服務鈴還不知道。

4. 問你喝什麼飲料、吃什麼餐點的時候，不要想東想西、問東問西，問了有什麼飲料後，偏偏說要喝飛機上沒有的，請選飛機上有的。

5. 用餐的時候請自動把椅背豎直，座位很狹小，讓後面的客人也能好好用餐是做人的基本態度。

6. 供應餐點的時候就好好吃，不要一心一意只想著要吃泡麵，飛機餐的成本一定比一碗泡麵還要高。

7. 飛機上供應的餐點就是那麼多，這裡不是餐廳；發脾氣不吃，何苦來哉。

8. 用完餐後請把餐盤維持原狀，怎麼給你，就怎麼還給空服員，不要吃得髒兮兮，又把餐盒疊來疊去，這不是樂高積木。

9. 空服員服務你的時候，請看著我，請說謝謝，不要看著報紙頭也不抬、眼也不看，動動手叫空服員做事，我不是你家的下女。

10. 「請繫安全帶」的指示燈亮著的時候，請乖乖繫上你的安全帶，不要等蹦飛到天花板的時候，又怪我們不告訴你。

11. 想要東西的時候，建議也可走動到廚房跟空服員要，漫長的飛行，多走動對你很有益處，才不會得「經濟艙症候群」，不要有手（按服務鈴）沒有腳（走過去要）。

12. 多帶一、兩本書上飛機，長夜漫漫睡不著，利用這個時候充實一下自己，不要讓別人笑我們講話沒內容，國民知識水準低落。

13. 上完廁所請稍微整理，這是公共廁所，不要亂丟衛生紙，廁所髒是自己沒有好好維持，別怪空服員沒清廁所。

14. 請不要睡了一覺後直接跟空服員講話或打哈欠，你的口氣香不香，自己最清楚，去刷個牙或把嘴摀住都是有禮貌的表現。

15. 賣免稅品的時候請把握機會，不要空服員推車過去後才要買，也不要睜眼說「空服員沒有過來」這種瞎話，我就算再懶惰也不敢不從你前面經過。

16. 飛機裝載有限，請不要買不到免稅品就發脾氣，機場還可以買，沒必要為了機場的菸比飛機上貴 10 元而降低自己的格調。

17. 要下降的時候，請把自己的座位稍微維持乾淨，毛毯摺一摺（日本人做得最棒），垃圾不要丟在地上，沒有人非要為你的行為善後。

18. 飛機還沒停妥請不要起身拿行李或站起來，飛機還沒靠到空橋是不會開門的，你這樣做並不會快到哪裡去。

19. 附加一條，請不要在飛機還沒開門前打開手機，要開機也拜託用靜音，不要做壞事還巴不得別人發現。

20. 下機的時候跟你說再見，請不要視而不見、聽而不聞，「請」、「謝謝」、「對不起」我們小時候都有學過，也是你要做給小孩看的榜樣。

　　從以前到現在，我還是覺得臺灣人不適合出國，不知道是生在小島的關係、像井底之蛙，還是不學習基本禮儀，上了飛機就好像去菜市場一樣，不會說謝謝、不懂禮貌、不能等、個性急、多等一秒臉就臭，喜歡誇張化，等3分鐘說20分鐘，喜歡睜眼說瞎話。我想有些事還是要多跟別人學習，學學老外或日本人有禮貌的態度，把自己變得很有教養，不要讓老外看著臺灣人搖頭，讓身為臺灣人的我不只不好意思，也覺得丟臉。

　　搭乘飛機是件愉悅的事，近年來出國旅遊的風氣更盛，因此，瞭解共同的搭機禮儀，提升臺灣國民的水準是十分迫切且必要的。

（以上是空服員在網路上發表的心聲）

延伸閱讀

- 空姐教你100%受歡迎，松澤萬紀著；張智淵譯（臺北：遠流出版，2016年，初版十刷）ISBN: 978-957-32-7443-8
- 航空情報，航空情報企編小組編著（臺北：東觀國際文化出版，民92，初版）ISBN: 978-957-284-614-8

MEMO

美姿美儀

　　個人行為態度的優雅與否及是否有教養，皆可由平日的舉手投足中一覽無遺，俗話說：「坐有坐相，站有站姿」，由此可知，個人的行為舉止是否得宜，會直接影響到他人給予的評價。優雅的舉止儀態與合宜的應對進退，當然會得到別人的好印象，他人在判斷我們是個什麼樣的人的過程中，「第一印象」往往就決定了七成左右，如果「第一印象」很好，即使往後有疏失，他人仍會以信任的態度去諒解你，反之，「第一印象」不佳，則會有火上加油的情形產生，由此可見「第一印象」的重要性。

　　所謂的「第一印象」，通常是指儀態、表情、語言三者的綜合表現。依照上述三項，如果缺少一項，就稱不上一位有魅力與態度優雅的人，例如與人對話時不正眼看人、缺乏笑容、面無表情、用詞粗俗或詞不達意、肢體動作不雅……等，有以上的表現時，往往得不到別人的喜愛及讚美，當然也不會有良好的「第一印象」。

　　最先映入眼簾與耳朵的印象有：

- 服裝（顏色、款式、穿著、質感）。
- 髮型、化妝（濃淡、造型、整齊、乾淨）。
- 態度（姿勢、表情）。
- 語言（聲音、遣詞用字）。

　　許多人在非主觀意識下，會將第一次見面的人，依上述四項要素綜合起來，簡單歸類為「這個人感覺很好」或「這個人看起來很討厭」兩種類型。

Part 4

一、坐姿

　　一個人就座的姿勢要非常注意，姿態應端正，絕對不能把雙腿張開，坐下時，雙腿不可不停地交叉或抖動，那些坐姿會顯得太過輕浮。而在正式場合上，就座時應要特別注意以下幾個要點：

1. 背要挺直。

2. 小腿、雙膝應併攏。

3. 椅子要坐得淺，通常只坐椅面的一半。

4. 坐穩後兩腳跟向同一側斜放，中間不可留下空間。男士可雙腳微張，雙膝間應留下一個拳頭的距離，雙手放置於大腿上。

5. 淑女則依當時的穿著來決定坐姿，穿裙子時，應雙膝併攏，雙腳橫放在身前約 45 度；著長褲時應雙膝併攏，雙腳正放在身前，均不可交疊雙腳，雙手微微握緊置於大腿上。

❏ 優雅的坐姿：膝蓋要併攏。

❏ 優雅的坐姿：側面。

❏ 就座時請先順裙襬。

二、站姿

　　站立時要長久保持優雅端正的姿勢、怡然自得的表情，並不是一件容易的事，這要靠平日不斷的練習，方能表現得更為自然。

　　站立時正確的姿勢：

1. 不論男女都應抬頭、收下顎、挺胸、收小腹、腰部用力、腳尖朝前。

2. 女士可採四分之三斜度的站姿，左腳稍微朝左，右腳靠緊左腳內側約45度斜角，小腿靠緊的姿勢，雙手自然下垂或交握至腰際。

3. 男士站立時，兩腳應稍分開，可與肩同寬，重心放在雙足下，雙手可垂直放下或向前、向後交握。最佳的姿勢為左手握住右手掌，置於腹前。

　　站立時的禁忌：

1. 不可彎腰駝背、腹部凸出。

2. 切記勿將雙腳叉開、交疊或呈內、外八字腿。

3. 雙手勿環抱在胸前，同時應避免單手或雙手插腰，身體重心也不能傾向一邊。

✖ 標準的站姿。

✖ 優雅的站姿：側面。

三、走姿

　　人在走動時目標最為顯著，也因此容易成為別人關注的對象。無論是走在戶外或室內，走路的姿態已洩露出相當多的訊息。有些人走起路來總是匆匆忙忙、莽莽撞撞，一副唯恐天下不亂的模樣，這是不對的。正確的走姿應抬頭、挺胸、兩眼平視前方、腳步輕移，表現出自信、有精神，同時也給人專業的信賴感。以下是有關走路儀態的注意事項：

1. 雙手應自然垂在兩側，隨著腳步輕輕擺動，不要故意扭腰擺臀。

2. 雙腳採一直線走，腳尖朝前，避免呈內、外八字。

3. 高跟鞋的鞋跟勿發出太大聲響。

4. 頭部應與身體呈一直線，不要蜷著身體，應抬頭挺胸。

5. 切忌兩手環抱在胸前，或兩手插於褲袋中。

❌ 行進時的儀態。

❌ 行進時的儀態，手中拿包包時。

四、行禮

　　所謂行禮，簡單來說，就是一種向對方表示敬意的肢體語言；說到行禮，它並不是只需把頭低一下就算完整的動作。根據對象與當時的情形，行禮的方式也會有所不同。

　　行禮有三種，即微微的點頭致意、常見的敬禮，以及把頭深深埋下去的最敬禮，此三種行禮必須依場所、狀況來靈活運用。

1. 點頭致意：上半身往前傾十五度的行禮。此為簡單的打招呼，平輩好友相遇於途中或在進退會議室、接待室時行此點頭之禮。在走廊、電梯中碰到熟人時，也是以這種方式打招呼；如遇戴帽時，應先以右手脫帽，再行點頭禮，有不認識的人來訪時，也要採點頭致意之禮，不可無視於對方的存在。

2. 中禮：上半身傾三十度的行禮。資淺者見長官、年幼者見年長者、學生見師長時，宜使用這種行禮；這可以說是最平常、使用頻率最高的行禮。

3. 最敬禮：上半身前傾四十五度，深深低下頭之最恭敬的行禮。這是參加喪禮或表達感謝和致歉時所使用的最敬禮。向客戶道歉時，頻頻點頭說：「對不起，都是我的疏忽。」只會給人一種不誠實的印象，如果真的深感抱歉，就必須深深低下頭，以態度傳達自己的心情讓對方知道。

　　無論採用哪一種行禮方式，都存在著必須遵守的準則，在行禮的開始與結束時，必須看著對方的眼睛，如果眼睛看著別的地方，這種行為也無異於是在忽視對方。

　　行禮的一般原則：

1. 職位低者向職位高者行禮。
2. 年幼者向年長者行禮。
3. 資歷年齡相若者，不分先後，互相行禮。
4. 在不方便的場所，如廁所、病房等，都不必行禮。

　　此外，還有一些注意事項，可使行禮更具有誠摯的說服力：

1. 可以讓背肌呈一直線。
2. 視線直視前方。

3. 打招呼和行禮要分開。

4. 表情要配合時間、場所、狀況。

五、其他注意事項

1. 多人同行徒步時，應尊重長輩，保護老弱婦孺及女士優先等原則，而行進間若需要上下樓梯，則更要以安全為首要考量。

- 多人同行，最前方為長輩或較尊貴者；而右後方次之，晚輩應行於左後方。若行走在無行人道的路邊，則晚輩應行於離車道較近之一側，讓長輩走較安全之一側。（男女同行時，男生應走靠車道側）

- 手持雨傘行走時，必須注意身旁的人，避免刺到他人。

- 行走時能抬頭挺胸，步伐與擺手最好能配合得宜，如此必能顯露出自信與謙謙君子之迷人風采，留給人良好的印象。

- 與其他人一同步行時，須注意自己行走的速度，盡量配合其他人較為妥當。

- 女士行走時不宜把皮包斜背在身上，有如小學生背書包一般，雙手往兩邊甩，皮包上下擺動，非常難看。

- 行進到需要開門進入的場所時，男士或晚輩應先趨前開門，並等同行的女士或長輩通過門口後再隨行其後通過。如果不是自動關上的門，應先輕聲關好門再跟上，不要走過後就讓門碰一聲關上，這是十分失禮的行為。

- 正式場合如宴會、觀賞歌劇或音樂會等，男士可以先行以便驗票或帶位等工作之進行。

- 搭乘電梯時，晚輩及男性應主動按開關鈕，並先行進入，用手扶住電梯門，待所有人皆進入後，再按關門鈕。

- 到達樓層後電梯開門時，要先禮讓長輩與女士出電梯，晚輩再出電梯。

- 通過黑暗區域時，男士應較女士先行。

- 如須通過某人所立或所坐之處，通常應由其後方繞行通過。

- 行進中如欲超越人前，應自側邊繞過，不可從中間硬闖。

- 走路時，切忌兩手交叉背後，或合抱於胸前，或插入褲袋內，都是不雅的行為。

2. 日常動作

- 蹲下：「蹲下」這個動作大多用在撿拾東西的時候，物品在右側時，應走到物品的旁邊，右腳向後退半步，再蹲下來，這樣較優雅。

- 回頭：當有人從面叫你時，如果只有視線或脖子轉過來，對方會覺得你在瞪他，看起來很不舒服，記住要連身體一起轉過來，才能給人誠懇的印象。

- 傳遞物品：拿物品給對方時，一定要用雙手，而且像書或雜誌等物品，一定要讓對方能看到標題。刀子、剪刀等鋒利的物品，則應將刀刃朝向自己。

3. 引領接待時的要點

(1) 先禮貌地問候對方，再說「請」。

(2) 應在客人左或右前方半步的距離，四指併攏往前伸，口中說：「請往這邊走。」

(3) 避免自己走在前面或讓不知路的貴賓走在前面。

(4) 碰到轉角時，引領者要站在外側的位置。

(5) 上下樓梯時，引領者要走在前一個階梯引領貴賓，如果樓梯只能一人走時，可讓貴賓先走。

(6) 搭乘電梯時，引領者要先進電梯內，按住「開」的按鈕，再請貴賓進來。出電梯時，也要按「開」的按鈕，讓貴賓先離開。如有電梯服務人員在時，就可讓貴賓先進先出。

(7) 若有男士與女士上、下樓梯，無論當時的穿著與主客身分，基本的禮儀為上樓梯時男士走在女士之後方，下樓梯時男士走在女士的前方，以達保護女士安全的目的。

4. 告退禮儀

會議中提供茶水或資料後，告退時突然背向賓客，是很不禮貌的，應該先後退一步，再轉向離開，這在很多場合都可以應用得上。

5. 臉部表情

臉部的表情，往往是心中想法的展現，會顯現出你的喜怒哀樂，而影響表情的因素，主要是眼神、嘴角以及下顎，臉部要保持誠懇的微笑表情。

(1) 眼神：表情最重要的部分是眼神，眼神的運用與眼睛周圍的肌肉及眉毛都有相關，眼睛看對方時應帶有誠意，眼神不可飄移，應直視但不具威脅。

(2) 嘴角：嘴角可以表達情緒，往上是愉快，往下是不滿或悲傷，緊閉則是嚴肅，張開則有興奮的感覺。

(3) 下顎：下顎表示態度，面向正面，視線也朝正前方時，就給人誠懇的印象，往上抬是自大或不屑，向下則是諂媚、膽小或不好意思的感覺。

延伸閱讀

- 姿勢決定你是誰：哈佛心理學家教 你用身體語言把自卑變自信，艾美 • 柯蒂著；何玉美譯（台北：三采文化，2016 年，初版）ISBN: 978-986-342-743-8
- 商業禮儀，黃馨儀著（臺北：臺視文化事業股份有限公司，民 84 年，初版）ISBN: 978-957-565-208-1
- 練習有氣質，加藤惠美子著；王蘊潔譯（台北：遠流出版，2016 年，初版十四刷）ISBN: 978-957-32-7381-3
- 職場魅力大出擊，千鶴子作；彭宏譯（臺北：私房書屋出版有限公司，民 87 年，初版）ISBN: 978-957-845-643-3

生活娛樂篇

International Etiquette
國│際│禮│儀

音樂會、博物館與溫泉禮儀

近幾年，幾位國際級的音樂大師，如女聲樂家莎拉·布萊曼女士、華裔大提琴家馬友友先生還有維也納愛樂交響樂團等，這些享譽國際的的交響樂團、音樂大師們接連造訪臺灣，對臺灣音樂水準的提升，具有正面積極的影響，也證明我們已進入國際藝術的行列。

記得多年前，和家人前往音樂之都－維也納自助旅行的時候，因為不知道聽音樂會規定男士要穿正式西裝（最佳打扮是傳統燕尾服）、女士要穿正式黑色晚禮服（連身長裙式），只好坐在維也納國家歌劇院的大門外，欣賞一對對風度翩翩的紳士挽著風情萬種的淑女，魚貫地進入會場，那真是美感與藝術的另類結合。事後才知曉，原來在維也納，有專門出租禮服給觀光客的服裝店，就是特地為想聽音樂會、卻沒準備禮服的觀光客所提供的服務，這種專租音樂會禮服的服裝店門口，都懸有一個「歌劇魅影」面具的招牌，很容易辨認出來。

❖ 參觀博物館不可碰觸展覽品。

生活娛樂篇

第一節　基本原則

1. 衣著

在臺灣，雖然沒有嚴格規定要穿非常正式的禮服才能進場，但也不可穿得太過於隨便，牛仔褲和 T 恤的組合是不受歡迎的，運動鞋更是不宜，最基本的應該是：男生穿西裝、女生穿洋裝或套裝，皮鞋或高跟鞋都是最基本的要求，香水則以淡香水為宜。

2. 年齡

通常年齡未到十二足歲，規定不可以進場，除非是專門替小朋友舉行的音樂會，因為小朋友比較沒有耐性，也較缺乏自制力，在長達兩個小時的表演過程，往往無法好好安靜聆聽，若出現走動或哭鬧的情形，實在是件煞風景、破壞雅興的事，所以年齡的限制是正常且必要的。

3. 進場時間

音樂會不准遲到，最好提前三十分鐘至一小時抵達，表演開始後，禁止任何人進入演奏大廳，遲到的人只能在大廳外面等候，直到中場休息時，才會再次開放進場；如果不幸遲到，可以先在外面欣賞電視牆的實況轉播，不可無禮要求強行進入，場內的觀眾也不可任意在會場內走動，那是粗俗無比的行為。

4. 購買節目單

基本上，節目單需要自費購買，進入會場前，可以很容易在服務臺購買到，最好把今晚的表演內容曲目，整個先瀏覽過一遍，大略知道順序和內容，避免頻頻翻閱，造成沙沙聲響，而影響別人的雅興。

5. 勿帶食物、飲料

欣賞音樂會和歌劇，是件賞心悅耳且高雅的事，千萬不可以邊吃邊聽，因為食物的氣味會破壞空氣品質，如果吃食物或喝飲料，更會發出聲音，成為眾所矚目的焦點－成為「顧人怨」，所以連口香糖都不能嚼食。

第二節　表演中的注意事項

1. 忌諱錄音、錄影、照相

根據「著作權法」的規定，演奏過程屬於演奏者所有，他人不得錄音、錄影，更不可以拿起照相機對著舞臺上的明星「咔嚓咔嚓」猛拍，鎂光燈的閃光會影響演奏者的情緒，也會對會場的安寧與秩序造成相當程度的干擾。

2. 通訊器材的禁音

　　手機、平板等個人通訊器材，一定要關掉或改為靜音，試想一下，當眾人正陶醉在優美樂聲中時，突然出現高分貝的擾人手機鈴聲，是多麼不協調！既然專程來欣賞音樂了，何不好好隔絕外界所有的煩惱呢！這在臺灣的電影院還是經常會遇到，表示臺灣民眾的水準還有待加強，尤其是欣賞高水準的音樂會的時候，建議不要攜帶手機進場。

3. 壓低咳嗽聲

　　有些人總是會不自主地喉嚨癢，或想打噴嚏、或習慣性咳嗽，這時候一定要壓低聲音，能夠避免當然最好，如果知道自己有這種毛病，可事先含片喉糖潤潤喉，達到預防的效果。

4. 禁止講話

　　無論多麼低聲細語，總會傳到別人的耳朵裡，但請記住，大家是來欣賞音樂的，不是來聽你發表高見的，你有任何的意見或看法，請等到音樂會結束後再發表吧！

5. 不可任意走動

　　音樂會現場的氣氛，是靠眾人一起努力的，千萬不要隨意走動，因為座位都是緊鄰在一起，你要離開座位，一定要經過他人的位置，多掃興啊。請忍耐到中場休息時間，要上洗手間或喝水，這個時候才是最佳時機。

6. 何時鼓掌

　　這是個最擾人的問題，通常一首長曲目，中間會有間歇性的休息，若在不該鼓掌的間歇時段鼓起掌來，有些還鼓掌得特別大聲，就會非常的尷尬，這是音樂修養的問題，如果自己不確定何時該鼓掌、何時不該鼓掌，那就不要自作聰明，先等大家都鼓掌時，再用力的鼓掌，以避免會錯意、表錯情，若你一直有不確定感，證明你的音樂素養還有待提升。

7. 中場休息時

　　通常中場休息約十五到二十分鐘，不要跑太遠，萬一回來時，大廳的門又重新上鎖，那就只得留在外面欣賞電視實況轉播了！

ETIQUETTE COLUMN

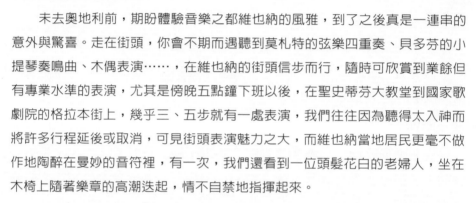

古典音樂就在你身邊

　　未去奧地利前，期盼體驗音樂之都維也納的風雅，到了之後真是一連串的意外與驚喜。走在街頭，你會不期而遇聽到莫札特的弦樂四重奏、貝多芬的小提琴奏鳴曲、木偶表演……，在維也納的街頭信步而行，隨時可欣賞到業餘但有專業水準的表演，尤其是傍晚五點鐘下班以後，在聖史蒂芬大教堂到國家歌劇院的格拉本街上，幾乎三、五步就有一處表演，我們往往因為聽得太入神而將許多行程延後或取消，可見街頭表演魅力之大，而維也納當地居民更毫不做作地陶醉在曼妙的音符裡，有一次，我們還看到一位頭髮花白的老婦人，坐在木椅上隨著樂章的高潮迭起，情不自禁地指揮起來。

　　在維也納最大的遺憾，是沒有機會聆聽歌劇或參加音樂會，原因是行程太趕以及必須盛裝參加。通常音樂會是在晚上七點半開演，而我們都玩到七、八點才回旅館（奧地利居高緯度，夏天要到晚上九點以後太陽才會下山，讓習慣看「天色」作息的我們無法適應，以為「天還沒黑，還早呢」！），所以往往來不及趕赴音樂會。另外一個原因是，到歌劇院一定要盛裝打扮（男士要穿禮服打領結，女士要著洋裝），若是牛仔褲、T恤搭運動鞋，對不起，謝絕入場！如果你出國忘了帶西裝、又想聽歌劇，怎麼辦？別煩惱！在當地有專門出租禮服的商店，為觀光客解決難題！有一晚，我們索性坐在歌劇院的入口處，觀賞一對對風度翩翩的紳士挽著風情萬種的佳人赴會，也是一種很難得的體驗。

第三節　表演結束後

1. 謝幕

　　所有正式表演的曲目結束後，聽眾受到演奏者藝術表演的感動，會熱情的用力鼓掌，以回饋演奏者精湛的演出，例如情不自禁地鼓掌或是大喊「安可、安可」，希望演奏者再繼續表演，此時，演奏者會來來回回出現好幾次，向熱情的觀眾們謝幕，表達感謝之意。有些人會覺得奇怪，為何演奏者要一而再、再而三的出現在舞臺上，然後走進去，接著又走出來呢？因為這與觀眾的熱情及鼓掌成正比，當觀眾越熱情，演奏者的謝幕次數就越多。

2. 安可曲

　　演奏者為答謝觀眾的熱情，可能會安排幾首安可曲（但有些則沒有安排），如果演奏者願意再表演「安可曲」，那是聽眾最大的福氣！通常安可曲的曲目內容較短，或是比較耳熟能詳的曲目。

3. 獻花

　　有些演奏者的忠實支持者們，會事先準備花束，在謝幕時衝上舞臺，獻花或送紀念品給演奏者，這種行為不合乎禮節，到底可不可以送，主辦單位都會事先聲明，請尊重主辦單位的規定，千萬不可自己強行登臺。

第四節　公共場所的禮儀

1. 博物館

　　拜廣受歡迎甚至翻拍成電影的小說《達文西密碼》旋風所賜，參觀博物館，尤其是巴黎羅浮宮博物館，好像成為全球的熱潮，一波波人潮湧向博物館，這是一個奇特的特殊現象。任何國家文明的產生，皆有綿延久遠的歷史，為明白其文化的深妙，瞭解民族

❖ 日本民間美術館一景。

的發展歷程，想以最短時間窺其堂奧，可以在該國觀光旅遊時參觀博物館，就能瞭解基本內涵，各國政府無不傾國家之力將代表文化的博物館，布置經營得有聲有色，展現其國力的雄偉。

所謂「內行看門道、外行看熱鬧」，如果只是走馬看花，博物館繞一圈匆匆走過，絕對不會有任何深刻印象。例如臺灣旅行團觀光客到羅浮宮博物館，大概都是以小跑步的方式，看〈蒙娜麗莎的微笑〉、〈維納斯雕像〉和〈大衛雕像〉，然後就留在紀念品販賣區大肆採購一番。以法國巴黎羅浮宮為例，其對外開放至今已有兩百年以上的歷史，光是展示面積就有兩萬平方公尺，根據曾親自造訪的經驗，大概要三天三夜以上才能逛完所有的展示區。

因此，參觀任何一家博物館前，應該先購買或索取展示文物目錄，先行閱讀，再印證古物，這樣參觀才會有所得。參觀博物館時，應注意的禮儀包括：購買門票進入必須保持肅靜，如攜兒童入內，應約束他們不可喧鬧或任意奔跑，倘因感冒而引起咳嗽，也不宜進入參觀，以免咳嗽聲擾人，也避免傳播病菌；博物館內絕對禁止攝影（因為鎂光燈的化學成分會影響展覽物品的壽命，筆者曾親眼看見臺灣遊客在博物館的惡劣行徑，不禁感嘆臺灣民眾的禮儀素養有待提升）；必須在指定範圍內參觀，也要按照行進路線，不得踰越禁止線，也不能觸摸展出品，如油畫、化石、玉石、古物等，更不可順手牽羊、竊取公物；在博物館內不吸菸、不吃零食、不丟紙屑或吐痰；尊重導覽解說，一路下來，將使你受益良多，不虛此行。

2. 遊樂場

目前國內有許多私人開辦的遊樂區，提供國人旅遊休閒的好去處。到遊樂區，除了注意公共場合的禮節外，尤其要注意安全問題。遊樂區內有許多遊樂設備十分刺激，但危險性也高，一般正常的情況下，業者除了有告示告知遊客遊戲的規則及必須注意的安全事項外，同時也有專人在現場解說，但遊客自身也要切實遵守，如心臟病、高血壓、孕婦或高齡者，以免發生意外而後悔終身，甚至賠上性命。

　　其實在遊樂場內，最簡單的禮儀就是遵守排隊的秩序。筆者曾親眼目睹在美國加州迪士尼樂園內，有一些不遵守排隊秩序的中國遊客，想要以混水摸魚的方式來插隊，結果被當地美國民眾群起噓聲制止，甚至有遊客直接叫警衛來處理。

　　在美國迪士尼樂園，較熱門的遊樂設施有一種稱為「快速通行證」(FASTPASS) 的設備，只要拿門票插入一臺電腦印票機內，就會出現一張提醒你在哪個時段內前來的票券，你只要在指定的時段前來，就可以不必排隊、直接玩那項設施，這是一個非常聰明的設計，臺灣也有一些遊樂場開始應用。

ETIQUETTE COLUMN

巴登巴登

　　德語的巴登 (Baden) 就是溫泉的意思，而一個地名為巴登巴登的地方，一定是個以溫泉出名的地方。想像一下，躺在現代化的溫泉泡沫按摩泳池裡，旁邊卻是羅馬帝國時代所遺留下來的公共浴池古蹟，此時我不禁懷疑自己是置身在現代，抑或是古代？奧地利的巴登開發得很早，羅馬帝國時代，羅馬人已懂得將巴登建設成為一個兼具療浴和度假的小鎮，這次我們是有備而來，換上泳裝後直奔浴場，引來一陣當地人好奇的眼光，一是能到浴場的人，都是一些有閒的老人，無論男女都是上了年紀的阿公、阿婆，竟然來了幾個年輕小伙子，還帶了一個小 Baby；二是因此地少有東方臉孔出現，突然有黃皮膚的人闖入他們的領域，自是不太習慣。有些阿公、阿媽以為我們是日本人，當我們回答：「We came from Taiwan！」只見當地人一臉茫然，好像不知道臺灣在哪裡？

3. 溫泉

臺灣人愛洗溫泉，臺灣從北部到南部、甚至東部，到處都有溫泉會館，而且這幾年來，因為週休二日的休閒風氣興盛，溫泉旅館亦如雨後春筍般越建越多，甚至以各國不同風情的規劃，吸引遊客前往泡湯。

✖ 日本溫泉鄉的溫泉湧出口。

由於臺灣和日本的民族性不同，兩種泡溫泉的文化，也產生很大的歧異，但國人往往對於泡溫泉的基本禮儀，無法遵守，造成溫泉池裡發生一些不應出現的行為。在臺灣，千萬不可因為穿著泳衣或泳褲進入溫泉池，就以為是到了游泳池，而在池內游泳或打水仗。

在日本泡溫泉，如果你不是買時段包租或是租個別室的話，一般就是到公共池泡。在日本泡溫泉，不管泡「男湯」、「女湯」、「男女共湯」，若無特別規定，就是全裸。有些大飯店裡有活水按摩設施規定要穿泳裝，但一進入到溫泉區就是全裸。

全裸對國人來說可能有些挑戰，畢竟國內的大眾溫泉池大多數還是穿泳衣的。如果你對全裸不能釋懷的話，最好還是別逞強進去泡，因為那會壞了別人泡溫泉的興致。

裸身之外，另一個不同處是，在日本泡溫泉之前，必須先洗淨全身。基本上，泡溫泉被視為一項優雅舒適的活動，泡溫泉前沒洗淨全身的話，會被視為沒文化或沒教養的。在日本泡溫泉時，必須遵守的行為如下：

· 進入溫泉屋玄關，脫換鞋子時，請小心輕放，並把脫下的鞋子整齊擺好，若有鞋櫃，請自己動手放到鞋櫃裡。

· 說話時，請輕聲細語。若不遵守的話，雖然不至於跟人起衝突，但通常會被視為沒教養。

- 買好泡湯券付了費後，在通往更衣室的迴廊或是更衣室裡，通常會有置物櫃，你可以把貴重的隨身物品擺入置物櫃。置物櫃有的須收費，有的雖然必須投幣，但會在使用後退費。

- 進入更衣區後，穿脫衣服也請小心輕放。凡是屬於自己個人的東西，就得全部整齊的輕放在個人的籃子裡。然後，你必須先洗淨身體才能「入浴」。

- 淋浴場的淨身：若在野外溫泉，不能使用香皂或洗髮精，因為那會破壞環境。有一些溫泉屋也可能禁止使用香皂，此時只需要用淋浴場的蓮蓬頭和自己的毛巾淨身即可。在使用肥皂的場合，切記洗好後，身上是不留餘皂的。有些人會自備自己的沐浴乳或洗髮精，但這些在使用後，最好也能先放回自己的置衣籃裡。

- 淋浴時的技巧：請坐在小凳上，動作越小越好，這樣可以避免把水濺得到處都是，同時也可避免過大的嘩啦嘩啦吵嘈聲。另外，淋浴方式是從離心臟較遠的地方開始淋起，也就是右腳、左腳、右腿、左腿，最後才是頭部。

❈ 泡溫泉應放鬆身體、以靜為最大享受。

- 洗好身體後，即可進入溫泉池。入溫泉池，也盡量以避免干擾到他人為最大原則，慢慢的入浴以減少水的波動。你可以大方的跟對方點頭微笑打招呼，說聲「すみませ」（表示不好意思…）後入浴。然後找個位置曲膝坐著，雙手輕放在膝上即可，小毛巾放在或包在自己頭上皆可。

- 泡溫泉時，以靜為貴。試著看看周邊風景，或是閉目養神、調整呼吸，亦或感受水溫等都好。通常跟共同泡溫泉的人稍微寒暄即可，不可高談闊論、大聲嚷嚷。

❈ 有些觀光景點體貼遊客，特地準備溫泉泡足池，讓遊客可以稍微舒緩一下疲倦的感覺。

生活娛樂篇

- 泡後離開溫泉池時，應到淋浴區洗淨自己的身體。洗好後，請把水拭乾，再到更衣室去。一般泡溫泉通常會準備兩條毛巾，到了更衣室收好溼毛巾，更換乾毛巾擦去剩下的水滴，再使用吹風機；有些更衣室內，還有飲水機可飲用。

- 離開更衣室後，通常會有休息室。休息室一般是個大和室，在那裡可以拿出自備的飲料飲用，也可以從休息室附近的飲料販賣機買些飲料喝。

ETIQUETTE COLUMN

溫泉禁忌

1. 空腹、飯後一小時以內、飲酒後，均不適合浸泡溫泉，可能因此引發身體之不適應症，若有此情形應立即離開浴池休息。

2. 心臟病、高血壓、氣喘病等突發性疾病患者必須遵從醫師之指示泡溫泉浴，最好與他人一同入浴，身體不適時才有人協助處理。

3. 月經期的女性或孕婦、年老體衰、重病後、手術過後者，也須先徵詢醫師同意及指示，再進行溫泉浴。泡溫泉時，請用橡皮筋、髮夾或毛巾等盤好頭髮；但不要使用浴帽，因為溫泉池不是淋浴場，也不可有包紮的傷口。

4. 某些皮膚病患者、皮膚有較大傷口者也盡量不要泡溫泉，最好先問醫師，以免引起反效果，造成皮膚病惡化。

5. 若屬全裸公共浴池，請以自然眼光及動作沐浴，不要直視他人身體或是忸怩作態，如此舉動反會引起他人之側目，事實上，溫泉浴是一件極其自然又健康之事。凡大聲講話、抽菸、喝酒、入浴前沒洗淨身體、盯著別人看、大搖大擺大動作來去甚至奔跑等，都被視為禁忌。

6. 首次浸泡以五分鐘內為佳，讓身體調整適應後，再度入池可以延長至十分鐘左右，如此反覆進行是最佳的浸泡方式，期間若覺身體不適，應立即離池。毛巾絕不能放到溫泉池裡，在日本，通常置於頭上。

7. 室外溫泉若是小型池，一池最多能容納六、七人，因此若有他人在旁等待時，也請輪流使用，使人人都有機會享受。

延伸閱讀

- 生活社交禮儀，陳冠穎編著（臺北：中華民國禮儀推展協會，民 88 年，12 版）
  ISBN: 978-957-995-180-7

- 在他面前不出糗，林慶弧著（臺北：幼獅文化出版社，2011 年，初版）ISBN:
  978-957-574-817-3

- 有禮走遍天下，黃馨儀編著（臺北：時報文化出版企業股份有限公司，民 89 年，
  初版 11 刷）ISBN: 978-957-130-643-8

- 國際禮儀，連娟瓏編著（新北：新文京開發出版股份有限公司，民 105 年，六版）
  ISBN: 978-986-430-188-1

- 國際禮儀與海外見聞，莊銘國編著（臺北:五南圖書出版股份有限公司，民 106 年，
  十一版）ISBN: 978-957-119-210-9

生活娛樂篇

MEMO

運動競賽禮儀

世界盃足球賽曾在德國的 12 個城市如火如荼的舉行，世界各國的球迷湧入德國參觀加油，但是德國政府在開賽前卻是嚴陣以待，深怕球迷鬧事，如果參觀球賽到了被鎮暴警察逮捕拘留的程度，實在非正常禮儀的表現。各類球賽中，觀眾必須遵守最多規矩的，就屬高爾夫球，因為在球員開球時，圍觀的觀眾絕對禁止發出任何聲音，甚至連輕聲細語都在禁止之列，否則球員是不會開球比賽的。類似的規矩也出現在網球公開賽中與跳水、圍棋比賽，有時候在比賽進行得非常緊張激烈時，真是一點兒聲響都不能有，如果底下的觀眾突然出現大聲喧嘩、不必要的掌聲或者來回走動，會干擾、影響運動員的注意力，所以在他們完成一個動作前，觀眾應該在座位上坐好並保持最大限度的安靜，等運動員有精采表現時再給予掌聲鼓勵。

但足球比賽、棒球比賽和籃球比賽，則會出現長時間的加油，球迷啦啦隊是以拼場的方式，來為自己屬意的隊伍吶喊助陣，甚至連大鼓、喇叭或大聲公都派上用場，無論如何的喧囂，都是允許的行為。

✖ 籃球比賽可以大聲加油。

生活娛樂篇

第一節　高爾夫球禮儀

與許多運動不同的是，高爾夫比賽是在沒有裁判的監督下進行，這項運動有賴個人的誠實，來表現對其他球員的尊重和對規則的遵守，不論比賽有多麼激烈，所有球員的舉止都要有紀律，並隨時表現禮貌和運動家精神，這就是高爾夫精神。很多人都以為在高爾夫球球場上，揮桿技巧是最重要的，其實不然，禮儀並不專指在打球之際所應遵循的作法，也牽涉到球員本身的

人格和品性。因此，沒有禮貌的球員不僅會被人批評不懂規矩，而且也會被認為沒有修養，有道是「球品勝於球技」，以下就是中華民國高爾夫球協會公布在球場上應該注意的禮儀：

一、服裝

1. 不要穿著沒有領子的襯衫、運動衫、T 恤、無鬆緊帶休閒褲或牛仔褲。
2. 擊球時應穿釘鞋，穿著有腰帶環的褲子，並繫上腰帶。
3. 男性若穿著短褲則不可短於膝蓋，並穿上白色襪子。
4. 女性裙子不可太短或過長。
5. 進出球場會館穿著要整齊，不穿內衣、不穿拖鞋。

二、上場前

1. 入場之球員先在櫃檯簽到，領取統一收費卡及衣櫃鑰匙，更換衣物球鞋後，到出發臺報到等候編組出發。
2. 開打前 30 分鐘應到達球場，遲到不僅令同伴擔心，而且會影響排組。
3. 開打前 6 分鐘要到達發球臺附近待命。
4. 球技太差之球友應避免上場，同組球友之差點總和不可超過 100 桿。
5. 球友揮桿應慎重，走路要迅速，以免影響後組流暢速度。
6. 4 小時內完成 18 洞，打球過慢會惹人厭。
7. 打球之際應隨身準備好備用球，以免浪費時間讓桿弟遞球。

三、在發球臺上

1. 同組第一洞發球順序，以抽籤定先後，並應事先宣告使用球及其號碼。
2. 第二洞起以上，一洞桿數最少之球員先發球。
3. 發球臺插梯不得超越發球標誌線，退後亦不得超出 2 支 1 號木桿之長度。

4. 打者把球擱在發球臺上做擊球準備時，其他人不得走動及喧嘩。

5. 非擊球者應盡量避免在發球臺上空揮桿。

6. 發球臺應避免踩踏。發球失誤或 OB，要等全組都發球完畢後再補球。

7. 無法立刻判斷所打出去的球 OB 或遺失，可向同組球友提出打備用球。

8. 要依桿弟指示，確定前一組全部打完並離開射程後，才能擊球。

9. 發球後除出界或打進水塘外，均不得打第二球。

四、在球道上

1. 擊球傷及草皮時，應立即取回由桿弟補砂踏平。練習揮桿不傷草皮，以免影響草皮之美觀及生長。在球場不亂丟廢棄物以保環境整潔。

2. 務必等候前一組人已走出你擊球可及之距離以外再開球，避免發生危險。

3. 球在球道或果嶺上，距旗桿最遠之人優先擊球。

◼ 球品重於球技，是打高爾夫球最高準則。

4. 他人揮桿時不要出聲，以免影響擊球人之注意力或情緒。

5. 不要批評別人的球技。

6. 對球不要吝嗇，如果去找球，不可超過 5 分鐘，應檢討的是自己的球技。

7. 不要作弊，如打了 4 桿記 2 桿，會被別人瞧不起。

8. 後組人數較少或同組速度太慢，落後一洞，則應禮讓後組超越先打。

9. 單獨擊球的球員沒有優先權，應禮讓任何一總組合的球員。

10. 為了避免發生意外，以及影響打者心情，絕對不要置身打者的前面。

11. 別人打球，先選自己的球桿等在球旁作擊球準備，避免時間的浪費。

12. 失誤之後，請拿著 2~3 支球桿跑去找球。

13. 擊球之後，要把刮起之草皮復原，或請桿弟填沙。

14. 球打到隔壁洞，要先察看是否有人擊球，確定安全之後再擊球。

15. 球擊出之後，如果球一直向人多處飛去，則應大聲喊叫示警，聞者應抱頭蹲下。

16. 如果球打越前一組，則應盡速前往道歉。

■ 高爾夫球禮儀，是由英國上流社會所衍生的行為準則。

17. 為了安全不可打壞一個球，再拿另一個球補打一次。

18. 球落水塘並不難堪，應保有紳士風範不撈球。

五、在沙坑中

1. 沙坑要從最接近球的地方進入，並從進入方向退出。

2. 進入沙坑時應先拿著沙耙，擊球後用沙耙或球桿將腳印抹平再離開。

3. 在沙坑中做擊球準備時如果球桿碰到沙，則罰兩桿。

六、在果嶺上

1. 球上果嶺，要把球推進洞，不要一靠近洞口就自己把球撿起說 OK。

2. 果嶺上不要看太久的球線，盡快準備推桿，以免耽誤其他球友的時間。

3. 不要在果嶺上拖著釘鞋走路，要把腳抬高，以免刮傷果嶺草皮。

4. 在登上果嶺之前，要以整草器將球的落點凹痕恢復原狀。

5. 果嶺上拾起球前要做標記，標記要放在球與球洞的連線，靠球的後方。

6. 不要在推桿瞄球時踩踏別人的推桿線，以免草皮凹陷影響他人推桿。

7. 避免自己的影子落在別人的推桿線上，以免影響他人距離的判斷。

8. 當桿弟正在忙時，最靠近球洞的人必須協助拿旗桿。

9. 打完一洞後，應迅速騰出果嶺，離開果嶺後才填寫計分卡。

七、比賽後

1. 離開球場記得和同場切磋指教的球伴握手道謝，並面帶笑容的離開。

2. 要清點自己的球桿數目，並確認沒有混入他人之球桿。

3. 要清除釘鞋上的泥土，再進入俱樂部。

4. 不要將帽子和手套帶入餐廳。

5. 不要在餐廳清算賭款。

6. 在更衣室及盥洗室最容易看出一個人的涵養。

7. 球員應與同組者交換記分並簽名證明。

八、其他

1. 不食檳榔，除吸菸區外不吸菸。

2. 擊球人數假日每組需三人，若人數不足得由球場安排配組。

3. 球桿規定十四支以內，球桿袋內勿帶笨重物品。

4. 打標準三桿球洞時，球員到達果嶺後，應先禮讓後組球員先發球。

5. 球打得不好不要找藉口，沒人在乎宿醉未醒，只期望你盡力把球打好。

6. 留意言詞，三字經不應該出現在運動場，旁人聽到印象一定不好。

7. 重視每一次球約，不要爽約或在最後一刻才取消約定。

8. 高談闊論、大聲吆喝的球友，最容易影響他人擊球興致，令人難以忍受，
   不要攜帶行動電話打球。

生活娛樂篇

第二節　保齡球的禮儀

　　網球與高爾夫球、保齡球、桌球並稱為世界四大紳士運動。保齡球亦被列為國際比賽的項目之一，國人在休閒時，也喜歡邀集三五好友前往打保齡球，雖然簡單易懂，但仍需遵守一些基本禮儀。

1. 上投球區時，請務必更換保齡球鞋，可以自備或向球館承租。

2. 只使用自己帶來或選定的保齡球，不可隨意使用他人的球。

3. 遵守先右後左的發球原則，隔壁球道有人準備擲球時，要等候再發球。

4. 擲球後，無論成績好壞，待球瓶完全排好後再投球。

5. 請勿侵入相鄰的球道。

6. 還沒輪到自己，不要隨便進入投球區。

7. 當相鄰投球區的人已準備好時，請禮讓他人先擲球。

8. 投球的預備姿勢請勿過久，或呆立在投球區內。

9. 投球動作結束後，請勿久留在球道上。

10. 請勿故意擾亂投球者的注意力。

11. 切勿投出高球或甩球。

12. 勿在投球區以外揮動保齡球，特別是在別人休息的座椅前。

13. 成績不佳時，請勿輕率遷怒球道。

14. 不要隨便批評別人的缺點。

15. 勿將飲料灑落於球道上。

第三節　棒球場的禮儀

　　棒球被譽為臺灣的「國球」，很不幸的因為職棒簽賭案的關係，讓職棒運動在臺灣有下滑的趨勢，球迷對於參觀職棒的熱忱不

✘ 棒球在國內向來是頗受歡迎的體育活動之一。

Part 5

再像過去那般瘋狂。筆者最無法忍受的是，在棒球場上有觀眾吃檳榔與抽菸的惡行惡狀，這些都是非常不尊重他人的行為，要提升臺灣的國球運動，必須所有球迷一起來努力。以下是參與棒球或壘球比賽時要遵守的基本禮儀：

1. 球場應行鞠躬禮

選手進出球場應脫帽行鞠躬禮，其目的一則對球場心存敬謝之意，二則祈求投打、接球稱心如意。

2. 打擊區應行舉手禮

在踏入打擊區前應行舉手禮，一方面是對裁判的尊敬，二方面也可以顯示自己謙謙君子的風度。

3. 前後相互敬禮

在開賽前與比賽後，應列隊於本壘板兩側，並依主審裁判手勢或宣告，脫帽行禮或交換禮物，同時相互趨前握手致意。賽前握手致意可互祝好運或說些：「多多指教！」、「少贏一點！」、「加油！」等客套話。賽後握手致意，勝方球員應說：「承讓！承讓！」、「只是運氣好！」等詞，以彰顯勝不驕的風度；敗方球員則回以：「恭喜！恭喜！」、「比賽很精采！」等語，以示敗不餒的氣度。

4. 學長訓示應脫帽

教練、學長親臨指導或訓勉時，應脫帽正視聆聽，以示對前輩專業尊敬之美德。

5. 抗議判決不公應脫帽

遇有判決爭議時，要由教練或隊長出面請求解釋，而非傾巢而出，劍拔弩張形成對峙場面。來到裁判面前應先行脫帽，再表達抗議內容。對判決不服或規則引用失當等意見表達，須以冷靜委婉的態度請求裁判作合理解釋，以表現運動員應有的修養與風度。若在球場上發生毆打或打群架事件，是非常丟臉、有失運動家風範的行為。

MEMO

Part 6

商務社交篇

International Etiquette
國｜際｜禮｜儀

16 社交禮儀
Chapter

　　本章將以商業禮儀最常應用到的「介紹、握手、交換名片」三個項目，作詳細說明。介紹、握手、交換名片是商業社交禮節不可或缺的三部曲，天天都會應用到，運用得宜與優雅動作，懂得體貼與尊重對方，充分展現自我修養，將成為頂尖的商場紳士、淑女。

第一節　自我介紹

　　我們一生當中，從入小學就讀開始，一直到進入社會，需要「自我介紹」的場合相當多，但大家都害怕面臨需要自我介紹的情境。「介紹」是生活禮儀中人與人認識的基本要件，如何做好完整的自我介紹，或幫他人作介紹，都是相當重要的一環。

　　許多人因不擅長做自我介紹且不熟悉介紹技巧與禮節，常導致結巴而說些不得體的話，不但無法讓對方認識自己，有時也會因此失禮而使他人對自己的形象變差，不僅如此，也有許多人上臺介紹時，內容過於簡短，讓人印象模糊。

　　自我介紹要簡明扼要，可別長篇大論，像背課文似的，以下有三大要點：

1. 說清楚姓與名。如果名字當中有很難唸的音或很難寫的字，要特別花時間說明，這是一個很難得的機會，內容介紹得妙，反而會讓人印象深刻。

2. 公司名稱（或學校名稱）。大公司很多人都知道，小公司就要多一點的說明，尤其是公司的行業別。

3. 頭銜與所負責的單位名稱（若是學生，就介紹就讀的科系、年級與主修的科目）。任職的職稱是很重要的，以及所負責的業務範圍，當然若負責的是機密產業或特殊行業，則不必完全透露。

只要掌握此三大要點，再搭配一些開場問候語及親切的肢體語言，帶給人家的第一印象便會大大的提升！但是一定要把握機會，可先在家裡對著鏡子作練習，內容以三分鐘為宜，多練習幾次，讓自己熟悉介紹內容。

其中有幾個細節要特別注意：

1. 主動打招呼

首先用善意的眼神看著對方，加上親切的微笑及開朗的問候來加深對方的印象，並搏得好感。通常，不擅長做自我介紹的人的共通點，就是不會打招呼，尤其是在陌生的場合，這類型的人在別人先跟他打招呼前，會一直保持著沉默。學習大方地與人打招呼，可以給人開朗、親切的印象，如果這一步很順利，接下來的自我介紹就已成功了一半。

開會自我介紹時要親切的微笑。

2. 簡單問候

自我介紹時先簡單的問候，而問候時一定要看著對方的眼睛。主動的簡單一句：「你好！」就可化解許多尷尬與冷漠。

3. 完整姓名

介紹自己名字的時候，一定要附加解說，不要只介紹一個姓，你會發現每次喊「林小姐」時，會有很多人回過頭來，因為不知道你在叫哪一位「林小姐」。如果名字有不好寫的字或容易唸錯的發音，可以多做一些說明，若有特別的典故，亦可簡單介紹，讓人印象深刻。

4. 單位、部門、頭銜

來自哪個公司，代表哪個單位、部門別、頭銜，以及所負責的業務內容。

5. 客套的 ending

如：「各位親愛的朋友大家好！我是 XX，我來自 XX，我擅長的是…，請多多指教，謝謝大家。」然後一個欠身就可以坐下來了。

如此，大家就很清楚你叫什麼名字、哪個單位及你的專長了。這些內容應該隨時準備好，只要遇到社交場合，就可以隨時推薦自己給別人認識。

第二節　為他人介紹

為他人介紹的禮節，其實是相當有邏輯的：先介紹位卑者給位尊者認識，其順序有下列不同的情形：

1. 輩分不同時，先將年輕者介紹給年長者。
2. 在公司裡：
   (1) 介紹自己公司的同事給別家公司同行；
   (2) 介紹非官方的人給官方；
   (3) 介紹資淺的給資深的；
   (4) 介紹同事給顧客；
   (5) 介紹低階主管給高階主管；
   (6) 介紹本國同事給外國同事。
3. 性別不同時，先介紹男士給女士。
4. 先把個人介紹給團體：但不要只介紹名字，就草草了事轉頭就走，一位好的介紹者，千萬不能有如下的情形：

   「Marry, this is John!」

   「John, this is Marry!」

介紹雙方認識的順序要正確。

主人要主動向前握手致意，表示歡迎。

　　以上的順序是對了，但接下來呢？那兩位被介紹者就沒有話題可以繼續聊了，因此，還要將兩個人的興趣或豐功偉業，或是特別的專長，講出來讓對方知道，尤其是將個人介紹給團體認識時，一位好的介紹人特別重要，必須扮演好他的角色，否則底下的聽眾，對於被介紹人還是一頭霧水。所以私底下要先對被介紹人作一些功課，如果可以從網路上查到一些基本資料，並經過自己的整理，信手拈來如數家珍，介紹時如行雲流水般順暢，相信被介紹人會感激在心頭。最差勁的介紹，就是手拿著稿子，像在唸課文一樣唸一遍，有些還會有唸錯的情形。

　　擔任一位好的中間介紹人，對被介紹的雙方都要有一定程度的瞭解，千萬不能在介紹前還問人家的大名，亦不能出現唸錯字音的情形，這些都是要特別注意的。比較正式的介紹方式，舉例如下：

　　　「張院長，這位是本公司的翁董事長。」

　　　「董事長，這位就是○○醫院的張院長○○博士。」

　　擔任介紹人時，介紹時的儀態有一些小細節必須特別注意：

1. 誰講話，眼神就要看著他。
2. 口齒要清晰，音調適中，讓對方聽得到你的問候。
3. 避免只對其中一位連名帶姓的介紹，而對另一位只介紹頭銜而已。
4. 介紹詞不要過度膨脹或過分頌揚。
5. 介紹某人時，手勢要以四指併攏的姿勢指引被介紹的人。
6. 不要以單指指人，也不可像電風扇一樣轉來轉去，更不要碰到對方的身體，西方人是很忌諱這一點的。

　　被介紹人的儀態：

1. 面帶微笑，微微頷首，表現很高興認識對方的態度。
2. 感謝介紹人。

3. 再次重複我是 XXX，表達請多多指教或很高興認識你。

4. 主動和對方握手。（詳見下一節握手的說明）

5. 當別人為我們介紹時，對方若是長者、尊者，應立刻起立。

6. 行禮時，可以依女士、年長者、職位高者依序行禮。主人行什麼禮，我們就行什麼禮。

第三節　握　手

　　相信許多人從小就知道握手這個動作，是人與人交往的第一步，握手通常是人與人的第一次身體接觸，有些人認為可從握手的情況測知他人對自己友好的程度。對於第一次見面，可用握手與對方展開良好的接觸，讓對方感覺你的熱忱及誠摯。筆者與他人握過的手不計其數，但印象最深刻的一次是與亞都麗緻飯店總裁嚴長壽先生的握手。

❈ 握手時，大拇指壓住虎口，四根手指環繞。

　　多年前，筆者代表任職的公司前去該飯店與嚴總裁接洽公務，在預定的時間筆者進入總裁辦公室，告知姓名後，嚴總裁的祕書立即道歉說明，由於突然發生與我國觀光政策攸關的事件，嚴總裁臨時必須接受多家電視臺記者採訪（嚴總裁擔任中華民國觀光協會會長多年），因此會耽誤大概十五分鐘時間，祕書詢問是否以我的行程為主，另約日期會面，或是可以稍候十五分鐘左右會面，筆者認為延後十五分鐘亦可接受，所以就坐在辦公室裡等候。果然約十分鐘後，嚴總裁進入辦公室，臉上帶著抱歉的笑容伸出手來

❈ 稍微用力，上下輕晃二至三下。

與筆者握手致歉，說實在非常抱歉浪費筆者的時間。當我握到嚴總裁手的那一剎那，感受到他的誠意與發自內心的歉意，因為握手竟然能夠傳達魅力與誠意，是筆者一次的真實體會。

從此，筆者對每一次與朋友的握手，也都以最真誠的心意來傳達善意與魅力，無論是誠摯的歡迎，或滿是感恩的道謝，期盼對方從握手的那一瞬間亦能受到感動。

曾有人力銀行針對臺灣上班族職場禮儀進行檢測，報告出爐後，竟然有 34% 的受訪上班族不及格，而滿分的人數更不到五人。其中有一道題目是「男女間握手時，應該男生先伸手還是女生先伸手？」答對的比例也只有 35.83%。還有關於介紹的禮儀「介紹男女雙方認識時，應先介紹女生給男生還是先介紹男生給女生？」令人驚訝的是，答對的人數比例竟然只有 18.89%。顯示國內上班族對於職場基本禮儀的常識明顯不足。以下是握手的基本須知，但還是要用心去體會，才能達到上述的境界。一個好的握手應該是：

1. 雙方距離約為一個手臂長。
2. 伸出右手，雙方虎口對虎口，掌心貼掌心緊緊地交握。
3. 輕輕上下搖晃，持續約四秒到五秒。
4. 握手時別忘了雙眼注視對方眉宇之間。不可東張西望，更不可漫不經心。
5. 應用一些力量來握手，但不能讓對方的手感到疼痛。

握手能傳達善意與誠意，應用心體會並實踐。

ETIQUETTE COLUMN

握手的禮儀要點

　　前總統陳水扁曾在參加哥斯大黎加總統的就職大典上，主動伸手去握美國第一夫人的手，這個畫面傳回臺灣，被批評為不符合國際禮儀，鬧了很大的笑話，甚至還引起不同政治立場的陣營針鋒相對。

　　實際上，誰要先伸出手來呢？根本無需爭得面紅耳赤，因為國際禮儀早就有一套大家都須遵守的慣例：

1. 無論何種場合，一定都要由女士先主動伸出手來，男士才可以配合伸手去握手。如果女士沒有主動握手的意思，男士無論如何都不可以先伸出手。例外的場合有兩種，第一是男士身為主人時，因為主人可以主動握手表示歡迎之意；第二是，男士德高望重或是年紀很大，此時就可以主動握手。

2. 主人要主動握手，歡迎客人。

3. 年長者要主動握手。

4. 位階高者要主動握手。

5. 職位大者要主動握手。

6. 主動表達謝意者或恭賀者要主動握手。

7. 主動表達歉意者要主動握手。

　　此外，何時為握手的適當時機？也有幾種情況可供參考，如：

1. 在商業或社交場合有人為你介紹時，以及當你要離開那裡時。

2. 當某人走進你的辦公室時。

3. 當你在辦公室外面碰見某人時。

4. 見到熟人時。

5. 當你與人道別時。

6. 當你安慰某人時。

商務社交篇

若有手汗的毛病，記得要不經意的擦乾，當然你的動作必須快速且保持優雅，以免引起別人的側目。假如已經拿了冷飲在手上，當別人找你握手時，應該說：「對不起，因為我的手有點溼冷，請多包涵。」或改用左手拿冷飲，以使右手保持乾爽、舒適的狀態。握手前可以很禮貌性的說明要擦手的原因，但握手後就絕對不可以再擦手了，因為這是瞧不起對方的行為。

此外，亦有敬握手（雙握）：通常是見到一個你覺得非常敬仰的前輩，或很難得見到他本人，你會用一種很崇敬的心態，以雙手握住對方的手。拍肩與握手：通常用於長輩對晚輩、上司對部屬，用關愛的握手並輕拍手臂外緣，或拍拍肩膀，這種握手只適用於上對下，長輩對晚輩。

千萬不要以為任何場合都適合用雙手去握住他人的手，男士也不能隨便邊握手邊拍女士的臂膀或輕拍對方的手臂，會被誤認為性騷擾。而男士也千萬不可邊握手邊用食指摳對方的手掌心，因為這是某種特殊的暗號。

W.A.

握手已成為每日最頻繁的見面禮儀。

第四節　名　片

名片起源於古代中國，據說拜訪者會把名字和其他介紹文字寫在竹片或木片上（當時紙張還沒發明），作為給被拜訪者的見面介紹文字，這種習慣演變至今，便成了現在企業界中不可缺少的東西－名片。

商業名片是公司給予我們的身分證明，進行任何事業往來或是任何場合時，名片都扮演著重要的角色。名片代表著一個人的立場，遞出名片的同時，便是在告訴對方：「我是誰」、「任職公司」、「如何聯絡」⋯等等。

名片應好好存放，試想，拿一張已彎曲變形或表面有髒汙損壞的名片給對方，是否會留下不好的第一印象呢？放置名片最正確的地方應該是「名片

夾」，而不是「皮夾」或「錢包」。「名片夾」代表一個人的品味，所以建議購買品質較好的材質，如皮革，因為好的皮革可耐久用且會因歲月散發出特殊的質感，男士或女士都應該擁有一個好的「名片夾」。

　　男士最忌諱將名片「塞」進錢包，而錢包放置在長褲的後口袋，隨著時間的累積，名片會變形或有溫度存在，最令人尷尬的場景就是，筆者曾目睹過一位業務員從後褲袋掏出錢包，準備拿出名片來交換的時候，卻掉了許多銅板在地上，撿也不是、不撿也不是，愣在那裡不知如何是好。

　　男士的名片夾，隨著穿著的不同，放的位置也不一樣。若有穿西裝外套，名片夾放在西裝左內側袋；若只穿襯衫時，則放在襯衫的左口袋裡。女士放置名片夾的唯一位置是手提皮包或公事包內；無論男士或女士都不可以將名片夾拿在手上。

　　名片夾應該要每天整理，不要夾子內放的都是別人的名片，而自己的名片一張都沒有，要交換時像數撲克牌一樣，每張名片都是他人的，或是終於找到最後一張自己的名片，但卻在上面寫字或髒汙，都是很不得體的事。最好每天出門前檢查一下名片夾，需要補充時趕快補充，他人的名片亦應好好整理一下，而非全放在自己的名片夾內。若在商場上說：「對不起，名片剛好用完，下次再補一張名片給您！」恐怕再也沒有下一次機會了。

✖ 交換名片後，要讀對方的姓名與職稱。

◎ 交換名片時應注意事項

1. 陌生人或巧遇的人，不要在談話中過早遞出名片。

✖ 隨時要準備充足的名片，從容交換名片。

2. 不要在一群陌生人中到處散播名片，這樣會引起別人誤會你急著要推銷什麼，別人也會因此而不重視你的名片。

3. 會議時，可以在會前或會後交換名片，盡量不要在別人發表言論時交換名片，這是不尊重會議的行為。

❖ 用雙手將自己的名片遞給對方，是基本的禮貌。

4. 出席社交活動時，記得帶足夠的名片，平日最少要準備十張以上的名片，以免遇到要和許多人交換名片的意外場合而出醜。

5. 名片不可在用餐中遞出。

6. 準備潔淨的名片，並且善加處置別人給你的名片，不可在他人面前直接寫任何字或記號。

7. 在遞出名片時，必須站起來遞。有的人或許嫌麻煩，因此坐著將名片遞給對方，這是非常失禮的行為。

◎ 交換名片的次序

1. 男士應先主動給女士。

2. 年輕者應該先給年長者。

3. 職階低的先給職階高的。

4. 非官方的先給官方的。

5. 拜訪者先給受訪者。

6. 下位者遞給上位者。

7. 如果是和老闆一起出席的場合，不應比老闆更早遞出名片。

◎ 給名片的禮儀

1. 印刷體正面應朝向對方。

2. 給名片宜用雙手，給的人握上方兩端，接的人握下方兩端。如果只能用單手，也要用右手。

3. 手不可壓在印刷體上。

4. 眼睛看對方的雙手。

5. 遞名片時，應同時念一遍自己名字：「我是 XX 公司的○○○，請多多指教。」

6. 從自己的胸部位置，遞往對方的胸部位置。

7. 與外國人交換名片時，可以同時右手給名片、左手收名片。

W.A.

■ 名片夾。

◎ 收名片的禮儀

1. 用雙手接受對方的名片，不可急著收進口袋，要一邊唸出對方的姓名，「○○○○○」，記得連職稱一起唸，這可增加對方對你的印象。

2. 如果不知對方名字的讀法，應該現場請教：「非常抱歉，請問尊姓或大名怎麼稱呼？」請教並不是件羞恥的事，千萬不可不懂裝懂，萬一唸錯了，要記得說「對不起」。

3. 絕對不可把玩對方名片，如果有什麼要記錄的話，請寫在 Memo 紙上，不要直接寫在對方的名片上。

4. 還在交談中時，名片應用左手持住並擱在腰間，不要低於腰部以下，因為在交談過程中，若你忘了對方的姓名，還可以偷瞄一下。

5. 離開時務必要記得帶走對方的名片，千萬不能將對方給的名片遺留在現場，那是極度不禮貌且惹人厭的行為。

6. 名片在回辦公室後，一定要取出整理，整理名片的方式，可依照各人習慣為之，若此時要做任何註記，則可以直接寫在名片空白處。

7. 名片通常一年要過濾一次，如換職業、換公司或高升等，尤其是電話與地址有所變更時，要隨時抽換掉舊名片。

延伸閱讀

- 一分鐘成功自我介紹，邱仲謨著（臺北：禾雅文化事業有限公司，民 88 年，初版）ISBN: 978-957-836-523-0

- 完全禮儀手冊─商業社交禮儀，麗堤蒂亞・鮑德瑞奇原著；陳芬蘭譯（臺北：智庫文化出版，民 84 年，第一版）ISBN: 978-957-955-303-2

- 快樂的上班族─創造企業生涯的新契機，古谷治子著；魏珠恩譯（臺北：創意力文化事業有限公司，民 83 年，初版）ISBN: 978-957-949-170-9

- 商業禮儀，黃馨儀著（臺北：臺視文化事業股份有限公司，民 84 年，初版）ISBN: 978-957-565-208-1

- 陳冠穎的禮想國─商業社交禮儀，陳冠穎著（臺北：中華民國禮儀推展協會，民 80 年，初版）ISBN: 978-957-970-170-9

- 禮儀寶典，鄭麗園（臺北：智慧事業體，民 89 年，初版）ISBN: 978-957-309-713-6

- 職場魅力大出擊，千鶴子作；彭宏譯（臺北：私房書屋出版有限公司，民 87 年，初版）ISBN: 978-957-845-643-3

饋贈禮儀

人們相互饋贈禮物，是人類社會生活中不可缺少的交往過程。國人一向重視禮尚往來，「饋贈」是與其他禮儀活動一同產生和發展起來的。我們知道，禮源自遠古時期的祭祀活動。在祭祀時，人們除了用規範的動作、虔誠的態度向神表示崇敬和敬畏外，還將自己最有價值、最能體現對神敬意的物品奉獻給神。或許是從那時起，在「禮」的含義中，就開始有了物質的成分和表現了，也有人認為，最初的禮就是一種商業性質物品的有來有往，原始的「禮尚往來」，實質上就是以禮品的贈與酬報的模式進行的產品交換。

第一節　送禮的態度

送禮是一種基本的禮貌，是為了表達感謝、致歉或是表示自己的心意，也是朋友之間良好的互動最直接的表達方式，昂貴的禮物並非就是最佳的考量，重點是要挑選適合的禮物，挑選禮物需要花一點時間，但是誠意是最重要的，花心思選購或自行製作的禮物，都能夠感動收禮的人，反而禮物本身的價格是次要，但懷有「對價關係」的送禮行為，不在本文的討論之列。

送禮時，不是隨意挑選最昂貴的一項物品，也不是挑選自己喜歡的東西，就能代表所謂的誠意；因為自己喜歡的東西，並不代表對方就喜歡或合適，必須先考慮到接受禮物的人在日常生活中，是否應用得上你送的禮物，如果是熟識的朋友，可以在平時觀察他需要的東西、喜歡的東西或是喜歡吃的食物，如果是不熟識的朋友，則可以挑選一些飾品、茶具、咖啡杯、相框…等比較適宜。

送禮時要注意態度、動作和語言表達，平和友善、落落大方的動作並且禮貌性的語言表達，才是接受禮物的人樂於接受的，不要做一些接受禮物的人忌諱的事情，也無須刻意去說禮物的貴重，自己多辛苦的挑了這份禮物，

而收禮的人也不要刻意表現出很喜歡或是不喜歡這份禮物的感覺，更不可詢問禮物的價錢，只需要表示感謝，不用太刻意誇張。

第二節　婚喪喜慶送禮禮節

1. 婚禮

- 禮金

致贈禮金是臺灣傳統禮儀，外國則是由新婚夫妻開立新家庭所需的各項物品清單，由親戚朋友來認領贈送，但也有親戚朋友贈送禮金的，如義大利人。

在臺灣，禮金為祝福新郎、新娘新婚的一種結婚禮物，會裝在紅包袋中代表喜氣，新人可以利用這筆錢支付蜜月旅行的花費、布置新家…等其他用途。禮金已有約定成俗的一套機制，一般皆以雙數來致贈。學生時代以 600 元起跳，當然 800 也可以；但出了社會、開始有收入，1,200 元代表不太熟的朋友，1,600 元代表還算點頭之交，2,000 元表示你會出席宴會；至於包到 2,600 元以上，就表示是很要好的朋友或重要關係了，如果特別要好，直接跳到 3,600 元也可以，若是親戚，則有包到 6,000 元或 8,000 元。按照習慣，紅包袋上都要寫些祝福的話，如「新婚誌囍」、「早生貴子」、「百年好合」、「白頭偕老」等等，左下角再寫上○○○敬賀。若來不及在婚禮前致送禮金，婚禮的禮金可以在結婚典禮後致送，若是感情很好的朋友，還可以藉機再請一次客呢！

- 該準備何種禮物？

若要以西方人的習慣送禮物，準備新人的結婚禮物時，最好開口詢問新人的需要，挑選新人結婚後需要的一些實用物品或是一些可以布置新家的飾品，一方面可以幫助新郎與新娘布置新家，另一方面是祝福新人結婚，但最好的方式是直接購買新人指定的樣式或品牌，若

Part 6

費用過高，則可以數人共同合資購買。對新郎與新娘的祝福才是重點，而禮物附上賀卡也是非常重要的習慣，要親自寫上祝福與關愛之意，新人則以宴客的方式感謝大家的祝福。

2. 喪禮

如果參加親友的喪禮，大多是致送奠儀，而奠儀的金額習慣上是單數，因為國人在喜事方面是喜歡好事成雙，但是在喪禮方面可不希望是雙，筆者在寫書過程中，父親罹患癌症而往生，親戚朋友、同事致送的奠儀數目不等，也有致送花圈、花籃、罐頭塔或輓聯的，當然也要回禮，臺灣習俗就是回送毛巾表示感謝。奠儀都以俗稱的白包來包裝，左下角寫上○○○敬輓，當然也可寫上「請節哀」以表示安慰之意。特別注意，喪禮的奠儀絕對不可以在出殯以後還致送的，這是一種很觸霉頭的行為，最遲應在告別式當天致送。

3. 探病

* 探病禮節

    探病時，不宜呼朋引伴，只須一、二位朋友代表前往探病慰問，轉達大家的祝福與關心，因為病人就是因為不舒服才需要在醫院或家中休息，如果訪客太多，會吵到病人本身和附近病友的休息。而探病的時間也無須太長，探病時間要看病人身體的情況，更不適合長談，如果病人真的身體不適，那麼探病就最好不要待太久，表達關心的心意即可離開。

* 該送什麼樣的東西

    大多數的人探病，如果不知道送什麼東西又覺得不能兩手空空的去，通常會送鮮花當作慰問，但是買花時，最好告知花店主人送花的目的與用途，因為有些花種與顏色不適合探病，另外，醫院病房並沒有花瓶之類的器具，所以記得要貼心的包裝成適合存放水的方式。除了送鮮花以外，也可以送一些水果、雞精、奶粉…等營養補品，因為生病的人身體是最虛的，送一些水果、補品可以補充身體流失的營養。

- 若病人是長期住院的話，可以送一些書籍、雜誌…等，讓他排遣長期在病房的空閒時間，如果是孩童住院的話，可以送一些小玩具之類的東西，排遣小朋友的無聊與寂寞。

- 如果不知道病人的身體狀況或是不清楚他所需要的東西，可以送個紅包代表祝福之意，一方面或許可以減輕病人因住院費用的經濟負擔，另一方面也表達了祝福早日康復的意思；但是有一點必須注意，紅包的金額必須是雙數，此外，在日本探病絕對不能送有根的植物或菊花。

4. 拜訪

- 第一次到他人家裡拜訪

　　第一次冒昧的拜訪不是很熟識的人，通常一定不太清楚對方喜歡什麼樣的東西，那可以送一些水果、禮盒或是一些食物，如蛋糕或巧克力，客氣有禮貌的問好並說明拜訪的原因。例如搬家時，第一次拜訪鄰居就應該帶點小禮物，或是第一次到朋友家裡作客，應該帶一些土產或本地的名產，以表示誠意。

- 到熟識的朋友家拜訪

　　到較熟的朋友家拜訪，挑選的禮物當然是朋友平常喜歡的東西，不然就是觀察他家裡缺什麼樣的東西。只有特別日子或重要節慶才需帶禮物，例如：朋友的生日、聚會…等，或是自己出國回來買一些禮物送給朋友，如果太過拘束或是太刻意買禮物給朋友，也會覺得很奇怪吧！禮物不用太貴重或太多，朋友之間的相處才重要。也不一定每次都要帶禮物，這樣反而見怪了，但若有自己家裡種植的水果，或自己親手做的果醬或 Cheese Cake，當然就是最佳的伴手禮了！

第三節　商務送禮

　　臺灣人做生意，特別重視的就是「人情」，對自己有提攜恩情的人、有密切合作關係的人，如朋友、客戶…等，一遇到節日或是拜訪，就會買禮物送對方表示祝福，這是最普遍的維持良好人際關係的好方法。而商務送禮的方式一方面可以加深朋友、客戶對自己的深刻印象，送的東西若剛好是對方最感興趣的，或許還可因為這樣而多了許多志同道合的同好。

　　那送禮該送什麼樣的禮物呢？選擇禮物時要考慮它的實用性、藝術性、趣味性、紀念性等多方面的元素，像是可以送一些名酒禮盒，通常男性上司跟客戶對酒大多都滿喜歡的，另外可以送一些高級的土產等，都是不錯的選擇。而其他特別的節日，端午節或是中秋節…等，則可以送一些自己親手做的食品，如果是農曆過年，就可以送一些過年的禮盒，但在臺灣的傳統習俗，不能送粽子給別人，因為這代表對方家裡有喪事。

　　如果是國外的客戶或是老闆，要先瞭解接受禮物的人的身分、愛好、民族習慣、風俗禁忌…等，例如：臺灣人在意「鐘」與「終」諧音，讓人覺得不吉利，所以不能送鐘，還有上海話的「蘋果」跟「病故」二字發音相同，所以送蘋果是很不吉利的事情。每個地區都有不同的禁忌，送禮時一定要先瞭解考慮周全，不然原本送禮是一個心意，結果卻因為禮物而讓收禮的人不開心。記住，無論多熟識的朋友或客戶，都不適合送貼身的衣物或保養品，會引起不必要的誤會。

❈ 禮輕情意重，挑選適合對方的禮物，
是一門學問。

ETIQUETTE COLUMN

外國人送禮的禮節

1. 與日本人交往：如果你接受了他們的禮物，一定不要忘記回報，因為他們會記得很清楚。

2. 與法國人交往：待雙方交往愉快後，送禮物給他們，他們會很高興。

3. 與美國人交往：如果有美國朋友，不要忘了送他耶誕禮物。

4. 與韓國人交往：如果得到了對方的幫助，不要忘記送上一份禮物表示謝意，如果你幫了他們，哪怕只是小小的恩惠，他們也會銘記在心。逢年過節，不要忘記給你的韓國朋友送上一份賀禮，在他們眼裡，這代表著一份珍貴的友情。

第四節　收　禮

　　收到禮物是一件令人開心的事情，雙手拿禮物是基本的禮貌，並禮貌的回應、感謝送禮者的心意，臺灣的習慣不會當著送禮者的面前拆開，若在國外或是外國朋友送禮，就一定要當著他的面拆禮物，然後感謝對方送這樣一份自己想很久的禮物，甚至還可以請送禮者介紹禮品功能、特性、使用方法等，以表示對禮物的喜愛，之後可以回送禮物或是寫張答謝函給送禮者。

　　道謝時，避免說「你不該這麼做」之類的話，下次見面都要記得提到禮物本身，特別是當你同時收到多項禮物的時候更應如此，送禮的人會很在意這一點，也會喜歡知道你注意到他那份特別為你挑選的禮物。

　　寫謝函時，口氣聽起來也要像當面道謝的感覺一樣，內容簡明扼要，時間上不可拖延，一收到禮物就要盡快寄出去。如果同時收到多樣禮物，也必須抽時間盡快回覆，而且每一份禮物都該分開親自致謝，如果是結婚的禮物那就另當別論囉！送禮的人應該知道新郎與新娘度蜜月去了，所以不會那麼期待在度完蜜月之前收到致謝函。

第五節　送禮與接受禮物的細節

一、送禮

1. 別忘了把禮物價格的標籤撕掉，讓收禮物的人看到價格，可是一件很糗的事。

2. 不能在接受禮物的人面前討論禮物價格的高低，會造成接受禮物的人的心理負擔，而且也是一種不禮貌的行為。

3. 如果送禮的對象是外國人，要事先瞭解對方的風俗禁忌。

:: 聖誕節是送禮的最佳時機。

4. 通常婚禮跟喪禮都是送禮金較多，禮金的金額數字要注意，中國傳統都喜歡好事成雙，所以金額都最好是雙數，如果是喪禮的白包則最好是單數。

5. 禮物務必要加以包裝，但也要注意環保，不可過度誇張包裝。

二、接受禮物

1. 必須雙手接過禮物。

2. 收到禮物的時候，要誇獎跟感謝送禮的人，但不用太過誇張。

3. 不能當場詢問禮物價錢的高低或是在哪裡買的。

4. 收到禮物的時候，如果不是自己想要的禮物，千萬不能說一些「我不需要」、「我家有了」、「不用了，謝謝」、「你送給別人吧」……之類拒收的話，這是非常不禮貌的。

5. 只要不是賄賂性禮物，一般最好不要拒收，那會很駁送禮者的面子，只要找機會回送禮物就可以了。

第六節　各國送禮禁忌

1. 美國：送禮物要送單數，且講究包裝，認為蝸牛和馬蹄鐵是吉祥物。

2. 香港：不能送鐘、毯子，禮物數目不能有 4，而以 8、6、9 為最好。

3. 俄羅斯：用麵包與鹽招待貴客，表示友好和尊敬，最忌諱送錢給別人，這意味著施捨與侮辱。

4. 日本：盛行送禮，探親訪友、參加宴會都會帶禮物。接受禮物要用雙手，不當面打開禮物，當接受禮物後，再一次見到送禮的人，一定要提及禮物的事並表示感謝；送的禮物忌送梳子，因為梳子的發音與死相近。

5. 法國：不要送帶有鶴的圖案的禮物，也不要送核桃，因為他們認為鶴是愚蠢的標誌，而核桃是不吉利的。

6. 信仰伊斯蘭教的人不能送人形禮物，也不能送酒、雕塑和女人的圖畫或照片，因為他們認為酒是一切萬惡之源。

◎ 送花時該注意的細節

　　送花是一種很好的表達情感方式，但送禮文化中，花是最難拿捏跟挑選的，各個國家對花的定義也不同，例如：在國際場合中，菊花、杜鵑花、山竹花、黃色的花都是忌諱獻給客人的花，這已經是國際間的慣例，特別是黃菊花、白菊花，所以要送對花，才能表達到自己的心意。

　　中國人忌諱白色，即使是很昂貴的「馬可」也不能隨便送，去陽明山竹子湖採了很多「海芋」，也不要隨便送人，如果是朋友家有喜事時，就不能送白牡丹，會被誤認是觸他霉頭，花圈多半是用於喪禮的，要送對場合。

　　義大利和拉丁美洲各國則視菊花為「妖花」，只能用於喪禮。

　　在巴西，紫色的花一般用於喪禮。

在日本，荷花被視為不祥之物，但菊花卻是日本皇室專用的花，對菊花很尊重。

在法國，黃色的花為不忠誠的象徵。

在英國，切記不要送百合花，因為百合花意味著死亡。

在香港，白色與紅色的花意味著不吉利。

在俄羅斯，送鮮花要送單數的。

🔸 送禮物時，以禮輕情意重為原則，針對不同對象挑選適合的禮物，送到對方心坎裡。

延伸閱讀

- 25 種令男人心動的禮物，佟偉編著（臺北：靈活文化，2007 年，初版）ISBN: 978-986-7027-19-1

- 生活禮儀，向志強、陳湘、劉明德著（臺北：揚智文化事業股份有限公司，2001，初版）ISBN: 978-957-818-272-1

- 有關品味，彼得・梅爾著；宋偉航譯（臺北：宏觀文化事業股份有限公司，1998，初版）ISBN: 978-957-731-129-0

- 社交高手必修課，馬麗蓮・屏克斯著；梁曉鶯譯（臺北：經典傳訊文化股份有限公司，2000，初版）ISBN: 978-957-476-019-0

- 送禮高手，唐介青著（臺北：知青頻道出版有限公司，2000，初版）ISBN: 978-957-049-100-5

- 現代人完全禮儀手冊－愛情事業兩全其美，麗堤蒂雅・鮑德瑞奇著；張瑞林＋鄭超銘譯（臺北：智庫股份有限公司，1997，初版）ISBN: 978-957-955-386-5

- 蔣介石、宋美齡的禮物政治學，安淑萍、王長生著（新北：傳記文學出版社，2017 年，初版）ISBN: 978-957-8506-79-4

- 錯誤的國際禮儀，沈馭著（臺北：朝陽堂文化事業股份有限公司，1995，初版）ISBN: 978-957-864-936-1

MEMO

18 Chapter 書信、卡片、電話禮儀

第一節　書信禮儀

現代社會裡，人與人之間溝通、聯絡的方式有許多不同的選擇，電話、傳真機、E-mail 都是十分方便且有效率，但是最具傳統的古老聯絡方式卻一直沒有失傳，而且在某些方面來說，書信的功能是無可取代的。

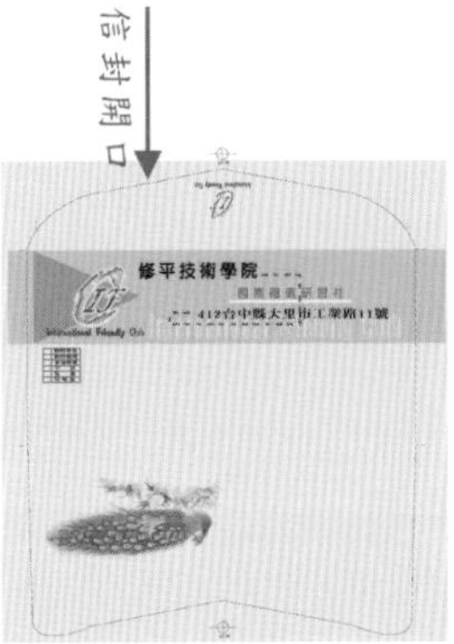

W.A.

信封，經過設計的信紙，可彰顯品味。

任何人接到一封高雅大方的來信時，一定會迫不及待的打開它，如果信紙也和信封同一色調，豈不是一件賞心悅目的藝術！如果信的字裡行間表達出寄信者誠懇告白與真心祝福，更會是溫馨的珍貴禮物，可讓心情雀躍好幾天，甚至在多年以後的某一天，當你重新展開已泛黃的信紙閱讀時，會更加有感覺，懷念曾經擁有的時光！

此外，在正式的商業往來中，書信更扮演正式且不可或缺的角色，畢竟口語的告知與傳真都只是輔助信件的方式，因為接受訊息的人會有被忽視的感覺。因此當我們在工作場合裡，必須將信件的書寫與準備，視為重要的禮儀。

W.A.

在科技充斥的現在，收到親筆信的機會並不多，但是不可否認，收到他人親筆信的感覺的確很好。

一、高雅大方的信紙、信封

選擇高雅大方的信紙、信封，並能與自己名片的色調互相搭配更佳，一般來說紙質、印刷、樣式都必須加以考量，至於顏色方面則多以淺灰、米黃、淺色系為主。有些比較講究個人或公司，喜歡燙上

名字的縮寫，有些則喜歡滾上花邊，端視個人之喜好而定，畢竟，信函可以代表一個人的特色。當然，請設計公司幫忙設計有個人特色的 logo，一定能加深收件人的印象，例如筆者的個人信封與信紙就設計著「懸弧令旦」字樣與「蝙蝠」的圖案。

二、信紙的紙質與顏色

信紙的紙質與顏色必須與信封一致，絕對不能用一張灰色的信封裡面夾著一張米黃色的信紙吧？其實正如服裝一般，書信之配件以整套搭配較合宜大方，感覺上比較有品味，進口的紙質，也較有質感，若是大量印刷，價格應該可以合理供應，例如筆者偏好用有浮水印的紙張來書寫信件。

❌ 信紙。

三、封口

我們經常會犯一個錯誤，就是在信件投郵之前會把封口用膠水完全封住，這是不對的，因為如此一來拆信刀就無法發揮拆信的功能了。所以必須在信封的一端或兩端留下足夠的空間以利拆信，否則收信者還得去找一把剪刀才可以如願。如果真的找不到封口膠水，那就直接把信封的摺頁折進信封內亦可，不過高級的信封，在其摺頁邊緣都已上好一層薄膠，沾一些水就能黏住。

四、姓名與地址

收件人與寄件人的姓名、地址、公司全名、部門都必須書寫清楚，一方面讓轉交者可順利交給收信者，而其在收信時立刻就會知道是誰寄來的，如果地址寫錯或收信人無法收信時，郵差也可據此退回原信。無論中式或西式信封，關於收信人與寄信人的地址位置都是固定的，千萬不要寫錯。

五、稱謂

　　信封上面的稱謂僅以先生、小姐、女士等，尊稱一般不寫在信封上而是寫在信紙，因為信封是經由第三者（郵差）送達，他可不必知道你是董事長或是教授，但是如果信件由專人送達，則可直接寫尊稱。信封上絕不能寫「○○○先生　敬啟」，這是叫對方要恭恭敬敬地打開你的信，有關信封上的用語，可參考公文寫作書籍，一般的用法如「鈞啟」、「道啟」、「臺啟」、「勛啟」較常使用。

六、開頭稱呼

　　私人信件可以直稱 Dear Jack 等，然後在第二行再開始寫內容。正式信函則必須以對方之全銜稱之，如：Dear Dr. Michael Chang，其後一般並無任何標點符號，然後也是一樣由第二行開始書寫。

七、親自簽名

　　在信件結尾時必須親自簽名，表示重視。因為現在很流行利用電腦打信件，以印表機列印內容，所以無論如何，信件最後一定要親筆簽名，不能都是油墨列印的資料，國人喜歡以印章取代親自簽名，亦無不可。

　　唯有促銷信、廣告函等才是用印刷的名字。簽名可以簽自己的全名，或只簽英文名字，姓用大寫縮寫字母代替即可，如 Michael Chang 可以簽成 Michael C.。

八、筆及墨水

　　書寫用的筆及墨水也需注意。墨水以黑色、深藍色為主，別用一些奇奇怪怪的顏色，顯得不莊重，筆也以書寫流暢、墨流均勻為佳，當然字跡可以有自己的個性，但要整齊、乾淨，可以辨識為原則，最好還是親筆寫信，若字體實在不堪入目，沒有把握的話，用打字也是可以的，只是最後的簽名還是必須本人親簽，筆者喜好以鋼筆來寫信，可以代表自己的特色。

九、簽名的重要

簽名不但是個性的表達，同時也代表一個人的學養和修養，所以最好練就一個漂亮的簽名，在西方國家簽名就代表印鑑，不論是支票、文件、合約等，都是用簽名的方式產生效力，即使重要的國書、和談、條約等也都是由雙方代表簽名即生效。因此，建議早日練習自己的簽名，練習到可以成為自己特色的程度。

我國自古以來均是以印鑑為認證方式，國人不太瞭解簽名的重要性，所以常有護照、簽證等簽名假他人之手為之，而產生許多糾紛與困擾，甚至有人認為今天簽成如此，明天可簽成那般，同一個人卻有許多不同版本的簽名，如果把這種觀念帶到國外去，不但造成他人的困擾，還可能會惹禍上身而不明其因。

所以，只要是簽名，一定要謹慎小心，任何事沒弄清楚前千萬不要簽名，簽名不只是簽一個名字而已，還有相關的法律責任。

十、隨附名片

信封內常有隨附的名片，名片應只是放進信封內，正面朝上即可，不要用迴紋針固定在信紙上，以免卡片上留下壓痕不好看，至於在國內經常看到把自己的名片用訂書針訂在信紙上的做法，更是一大笑話。

十一、寫信的時機

舉凡求職、抱怨、致歉、祝賀、詢問、致謝、商談、邀請等，無一不可用信件來表達，當然，私人之間的問候、敘舊、抒情、婚喪事件等也均可入信，其表現之情意會讓受信者感覺更深刻、更難忘，現僅舉下列諸項討論之：

1. 恭賀信

在對方獲得喜事時，應立即表達祝賀之意，祝賀之事需言明，如升遷、得獎、取得執照等，讓對方知道你跟他一樣的歡欣，同享喜悅，並表示眾人

皆知，他的殊榮是如何得之不易與實至名歸等等。如果你的親朋好友，因為得獎或任何優良事蹟而被登在報紙上，可以順手剪下這則消息剪報，立即寫一封恭喜信，附上剪報寄給對方，相信對方一定會感激你。

另外，如在英文祝賀用語方面也盡量以複數為誠意之表達，如：Congratulations、Thanks、Pleasures……均是同一道理，否則讀信者心中會十分困惑與不快。

2. 安慰及弔唁信

當他人發生不幸的事情，如車禍、喪事、重病等，也應藉此表達個人的關心與鼓勵，也讓對方瞭解你有慈悲之心，並提供他人精神上的慰藉。

如果是發生喪事，不論事情過了多久，去信慰問是永不嫌遲的，表示逝者將會永留心中，正如其在其家屬心中一般，並與其家人一起追念其在世時之歡樂時光。

3. 致謝信

收到某人的禮物、接到某人的邀請等，均必須以致謝信函表達謝意。信中應言明對方饋贈的禮物是如何受到你的喜愛，真是一件非常棒的禮物，以免送禮者可能早已忘記他送你什麼禮物。

受邀參加聚會者，則可言明聚會是如何成功，讓你認識許多好朋友，宴會的佳餚、飲料是多麼可口等，記住只要避免言之無物即可。

凡受人幫忙協助，必定要寫一封誠懇的道謝信，表示自己真誠由衷的謝忱，相信你若每次都這樣做，人脈關係總是能建立鞏固的基礎。

4. 邀請信

公司行號週年慶、產品得獎、認證成功、節慶同賀、婚禮、畢業典禮、彌月之喜等，都可以廣發邀請函。

信函上全用第三人稱以表正式，如某某先生、夫人，邀請某某先生、夫人等，信上必須註明聚會的開始、結束時間，地點、服裝、敬請回覆 (R.S.V.P.) 等。

十二、投郵

郵票應貼足金額，以免收件人收到欠資郵件，未拆信即已產生不好的印象，讓你的美意大打折扣，不可不慎。

郵票黏貼的位置也要特別注意，中式信封貼在左上角；西式信封貼在右上角，正式信件不要用太過花俏奇異的郵票，以免突兀，郵票也不可以斜貼、倒貼甚至貼到信封背面去。如果知道對方有集郵的嗜好，則可以貼一些特別的郵票，以顯示你細心的一面。

第二節　卡片禮儀

走進書店內，我們可以看見展示著各式各樣琳瑯滿目的卡片，不但印刷精美、賞心悅目，而且創意十足，可以說足夠應付各種場合之用且非常方便，以下是經常會用到的卡片及使用它們應注意的事項：

一、謝卡

每當友人幫了你一些小忙、送你禮物，或是請你參加剛舉辦的宴會，讓你想要表達謝意的時候，謝卡都可以派上用場，其用途可以說是極為廣泛。使用謝卡時首先必須及時寄出，以免隔太

❖ 單張卡片。

久再致謝反而讓人覺得奇怪。其次要說明你為何要感謝收件人，最後再次表達個人誠摯的謝意並期待日後再相聚。

用詞以誠懇、簡短為原則，不宜長篇大論，除了卡片上印好的文句外，也可以再加上自己認為更得體的詞句以表示真心感謝，最後再親筆簽名、郵寄。

二、致歉卡

　　與致歉函用意相同，但是比較沒那麼正式，有時不小心說錯話，或是做錯了一些不應該做的事情，致歉卡就可以發揮功能了，收件人多半都會前嫌盡棄，甚至友誼更加深厚、穩固。

三、生日卡

　　西洋人非常重視自己的生日，也希望親朋好友能記住並為自己慶祝。

　　壽星在慶生時會收到許多禮物，有些是自己期待的、有些是捉弄人的，常會讓人啼笑皆非。而在生日時展讀親朋好友的生日卡，則又是一件令人溫馨愉悅的事。

　　一般寄生日卡必須在收件人生日的前一週或是前幾天寄達，當然，如果經常見面者可以和禮物一起交至壽星手中，要知道主角在拆禮物和讀生日卡時，是洋溢著興奮與幸福的，如果你無法兩樣東西都送，至少寄張卡片表達你的心意吧！

四、慰問卡

　　用途廣泛，例如探病、親友去世、寵物死亡、失戀、工作不順心、心情低落時，都可用這個方式給予他人極大的精神安慰，且可以在不用和人見面或通話的情況下，表達自己的誠懇關懷，小小一張卡片，說不定可以讓心情沮喪的朋友振作起來，正是你展現友誼的最佳時機。

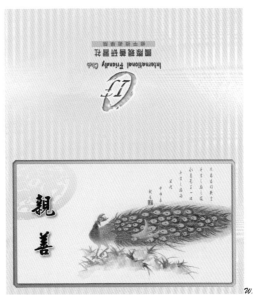

International Friendly Club
國際親善美容協會

親善

W.A.

❖ 對折卡片。

五、聖誕卡

聖誕卡可說是大家最熟悉的卡片，如果一個人在聖誕節收到許多聖誕卡的話，那就證明他的人際關係是多麼炙手可熱！

寄卡片時一般多以家庭為單位，公司行號則以最高主管為代表，如果公司人數不多的話，則可以所有人一起簽名，表示眾人祝賀。

至於卡片由於年年都要寄，所以不妨別出心裁，讓人為之驚喜，祝福的話語也以俏皮有趣為佳，此時正是表現個人創意的大好機會，但是必須注意的是，寄給女性或是長輩不可以太隨便，例如有性暗示的就不妥，或是不夠尊重長輩的言語。

每年全球各地郵寄聖誕卡的數量都非常龐大，所以在郵寄國外時必須提早寄，最好在十二月初就寄出去，否則聖誕節已過了一、兩個禮拜才寄達，就失去意義了。

第三節　電話禮儀

辦公室裡無法缺少的工具就是電話，試想，在沒有電話的情況下辦公，將會變成何等模樣？有人說電話是人類有史以來使用最頻繁的通訊設備，不但聯絡了人類的情感、促進彼此的交流，也是目前社會上不可或缺的生活必需品。雖然電話已發明了快一百年，普及率又是如此之高，但是仍然有不少人不太懂得電話的基本禮貌，在辦公室裡，只要聽聽他人講電話的交談內容與方式，即可判斷一個人的教養水準以及社會化的程

❖ 電話已是現代人不可或缺的溝通工具。

度。各大企業、公司，尤其是服務業，電話更可以說是生命線，因為有相當多的客戶是以接電話者的態度來判斷這家公司值得信賴的程度。

電話最特殊的地方就是未見其人，卻能感受其人心情，人與人之間的溝通，最直接的就是面對面講話，其中還包含肢體語言在內的互動，因此可立即且直接感受；但千萬不可誤以為講電話無法達到類似效果，雖然對方並非直接站在你面前，但仍然能夠從話筒裡感受到你的態度與心情，因此在美國，曾有一位禮儀專家表示，即使她在家裡接聽任何電話，也一定要穿著高跟鞋來應答，唯有如此，對方亦會感受到她的專業能力。

此外，講電話時絕對不可以吃食物或喝水，即使嚼食口香糖也在禁止之列，任何微弱的聲音，都會經由話筒傳到對方的耳朵裡，甚至會有擴大音效的特殊功能，雖然只是小口喝水，聽在對方耳裡可能變成很大的聲響。

• 辦公室鈴聲不宜超過三響

辦公室裡有電話進來，鈴聲以三響為宜，太早接會嚇到對方，並非立即接起電話就是合乎接電話禮儀，但也不要讓電話鈴響太久，有些公司硬性規定，電話鈴聲超過三聲以上未接就屬失職，將遭嚴厲訓斥。新人總是害怕接聽電話，因為對於公司產品或自己的業務尚未進入狀況，所以總是不敢主動接聽，建議要早日克服新人害怕接電話的心理。

接起電話時：「喂，報上單位，您好，我是○○○，很高興為您服務…」相信很多人都有與銀行服務人員講電話的經驗，他們總是在拿起電話後，率先報上自己的部門或是姓名，以便電話的另一端知道此時是誰在聽電話。如果電話是直接打進公司，則要先報上公司名稱，讓對方知道電話打對了，若經由總機轉至部門，則沒有必要再報一次公司名稱，否則對方可能會一陣疑惑，此時只要報上部門名稱或自己的姓名即可。

• 講電話的聲音

講電話的聲音應適中，愉快中帶有與對方交談的極大意願，任何人都希望電話的彼端傳過來愉快、親切的聲音，若是聽到心不甘情不願、音調低沉、公式化的回答，心情一定不會太好。

- 注意基本禮貌

多用請、謝謝、麻煩你等字眼，語句也多用祈請句，少用命令句。語氣則最好盡量婉轉，一方面顯示你的個人水準，一方面讓聽的人樂意為你服務。國內有不少公司，電話接得亂七八糟，常常可以聽見員工滿腔不耐地回答來電：「你哪裡呀？他不在，你待會再打吧！」連一句：「請問哪裡找？要不要留言？」都不會說，讓打電話的人一聽就後悔打了這通電話，更別說下次再打來了。

- 插撥電話

若正在通話中又有另一通插撥電話時，應先請第一通談話者暫時等待，然後告知第二通來電者現在正與人通話中，可否待會談完之後再回電給他，然後再繼續與有優先權的第一通電話交談。

當然若是後來的電話非常重要，或是你不太想和前一通的人繼續交談，則可以相反的順序為之，並不失禮。

對方要找的人在辦公室時，可以很客氣的問：「請問你哪裡找？請你稍候。」按住保留鍵或用手握住發話筒，告知對方是誰，再請本人接聽。請注意一定要按保留鍵，如果公司內部對於打電話進來的客戶取了不雅的綽號，又剛好被對方聽到，那一定會發生一場災難。若是公司內部的許多閒談或是嘻笑怒罵的聲音，也不小心傳到對方耳裡，實非公司的福氣。

要找的人不在辦公室時，可以回答說：「對不起，某某不在座位上，請問您哪裡找？要不要留電話？待會兒請他回電！」最好不要問有何事情，除非對方自己先表白何事。若同仁出差，短期內不會進辦公室，應該要有業務代理人，必須告知何時回辦公室，以及如果有業務相關問題，亦能當場解決，不可拖延。若對方找的人目前不在場，且只是一日的出差，或短暫離開座位去開會等，則可代為留下訊息，以便其返回時可以回電。不要替別人過濾電話，訊息務必留清楚，對方姓名、電話號碼、目的及來電時間等，最好都記錄清楚。一般來說，在對方來電二十四小時內你必須回電方才妥當，因為不回覆來電等於是讓對方罰站等待與你交談一般，非常不禮貌。

◎ 留 Memo 注意事項

WHO 誰、哪個單位

WHAT NO. 回電號碼

WHEN 何時打來

WHERE 人在哪裡

HOW 如何回電或等電話

WHAT 有何事情（對方主動說明時）

Memo 貼在明顯的地方

Memo 若很多，則依時間順序排好

Memo 不要落掉任何一張

Memo 上要簽名，以示權責

• 打錯電話時

若對方打錯電話，不必生氣、不可口不擇言，有時可能不是對方的錯，只須告知：「Sorry, Wrong number!」即可。

若是自己打錯電話，無論對方是否認出你，一定要說：「對不起，我撥錯號碼了。」再掛上。而打電話來的人若心中懷疑，也可以先詢問對方是否是自己撥通的電話號碼 xxxx-xxxx，若不對，則應先道歉，然後掛上電話，千萬不要粗魯的反問對方：「喂！你們那裡的電話號碼是幾號？」

用別人桌上的電話時（尤其是不同辦公室），一定要先徵求他人的同意，且不占線超過三分鐘。

在辦公室裡，如果走到其他同事的座位旁，剛好有自己的電話轉接過來，要使用他人桌上電話時，一定要很客氣的詢問：「我可以借用你的電話嗎？」與他人正在交談，剛好桌上電話響了，要向對方說：「對不起，我先接個電話！」但該通電話不可長聊，應先記下是何人再回電，在面前談話者有優先順序、較為重要，不可冷落站在你面前的人。

　　若與主管談話時（或在他人辦公室），主管的電話響了，要請對方先接聽電話，再問：「我應否先退出？」若表示不必退出，可留在原處，但不可聽內容，稍微後退或轉而欣賞牆壁上的裝飾品，也不可追問該通電話是何人、何事。若主管示意退出，應立即退出，並隨手帶上門。

　　講完電話後，任何電話都不要急著掛上，等「三秒」後再掛；或是聽到對方掛斷後再掛，掛電話要溫柔以對，摔電話的人最沒風度和教養。筆者的習慣是，無論是撥出去或接聽電話，一定都等對方掛上電話後再掛自己的電話，其實很簡單，你可以很優雅的將話筒以弧度曲線掛上，值得一試。

* 行動電話

　　行動電話是一種非常實用的聯絡工具，但在通話時請注意身處場合，如在公共場合，像是捷運、巴士、電影院、大賣場等，有可能因為人聲鼎沸或是收訊不良，不自覺的就會越說越大聲，以致旁邊的人耳朵都遭受無妄之災，可憐的他們不得不強迫自己聽一個不相干的人談他的公事、私事、無聊的對話，所以若是真的收訊不好的時候，可告知對方你等一會兒再回電，不要一直嚷嚷。

✖ 講行動電話要注意音量，以不影響他人為原則。

　　行動電話固然方便，但有一項最基本的原則，講行動電話時，不能干擾到無辜的第三者，只能你與對方講即可。但有些場合是絕對不可以使用行動電話的，如飛機上、醫院、法院、開車的駕駛；國宴、餐會、上課的教室、音樂會、電影院等，前四者有法律的問題，後五者為修養的問題。若要在他人面前接聽行動電話時，要先說：「對不起，我先接一下電話！」然後走向較遠處、他人聽不到的地方再講，但不宜講太久，而讓其他人久候。

ETIQUETTE COLUMN

行動電話禮儀

近年來，行動電話的功能已不僅止於通話，各種功能的軟體也被廣泛使用，傳統行動電話使用時的禮儀，最主要是在注意音量方面，然而現在的行動電話由於功能更多，使用時更需留意各種禮儀。

- 留意音量：無論直接撥打電話通話，或是使用通訊軟體的通話、視訊功能，都需注意所在地點、場合及音量大小，避免影響其他人。如果要觀看影片或玩遊戲，請務必戴上耳機，以免噪音擾人。

- 請勿一心二用：有些人只要一有空，就會開始用行動電話上網、看劇或 LINE 個不停，即使是開會或和朋友聚餐時，都依然故我，這種行為對臺上的主講人及面前的友人很不禮貌，請盡量避免。此外，有些人會一邊走路一邊通話，或是一邊走路一邊 LINE，這樣會讓你分心，而沒有留意到周遭的人事物，如果因此與其他人碰撞，或是行進中無意識的突然停下腳步，甚至沒有留意路況而闖紅燈，都會影響到他人及社會安全與秩序。所以，使用行動電話應盡可能避免一心二用。

商務社交篇

延伸閱讀

- 生活禮儀，向志強、陳湘、劉明德著（臺北：揚智文化事業股份有限公司，2001，初版）ISBN: 978-957-818-272-1

- 行儀＆作法の便利帳，知的生活研究所著（東京：青春出版社，1995年，初版）ISBN: 4-413-06216-7

- 完全禮儀手冊－商業社交禮儀，麗堤蒂亞・鮑德瑞奇原著；陳芬蘭譯（臺北：智庫文化出版，民84年，第一版）ISBN: 978-957-955-303-2

- 完全禮儀手冊－塑造專業形象，麗堤蒂亞・鮑德瑞奇著；林憲正譯（臺北：智庫股份有限公司，民85，初版）ISBN: 978-957-955-302-5

- 社交高手必修課，馬麗蓮・屏克斯著；梁曉鶯譯（臺北：經典傳訊文化股份有限公司，2000，初版）ISBN: 978-957-476-019-0

- 商場的應對進退，David Robinson 著；楊馥愷譯（臺北：稻田出版有限公司，民86，初版）ISBN: 978-957-950-364-8

辦公室禮儀

第一節　履歷表與自傳

每個人都有進入職場工作的機會，除非是在自家的公司上班，或是自行創業，否則進入一家公司上班前，都必須經歷最基本的兩關：撰寫自傳、履歷表與面試。每年畢業季節來臨，社會新鮮人踏出校門前，便開始尋覓未來的工作職場，當您決定了希望前往工作的公司之後，接下來就是展開應徵的活動，以下是應徵時的注意事項與確認重點。

一、撰寫出色的履歷表及自傳

如何在眾多的求職信件中脫穎而出，獲得進一步面試的機會，當然，原就讀的學校系科、學歷與自己本身的實力條件，與所寄送出去的自傳、履歷表的內容和格式品質，占了舉足輕重的關鍵。

如何設計讓人眼睛為之一亮的履歷表，基本上，一份完整的個人資料，應包含下列三項：

1. 求職信

很多人都省略了這一項，如果能寫一封懇切扼要的求職信，表達出想進入這家公司的誠意，會給人慎重有禮的好印象，除了用中文書寫之外，如果外語能力很強的人，可針對公司及工作的性質，使用第二外國語文，更能證實自己外語能力，當然求職信不能寫得辭不達意，稱謂、敬語都要特別留意。

2. 自傳

自傳的寫法，並沒有一定的型式，但撰寫自傳前，最好能依下列重點，將個人有關的資料作一個比較完整的紀錄與說明：

(1) 家世（家庭成員背景）。

(2) 家庭（家庭經濟狀況，日常生活相處狀況）。

(3) 出生（包括時間、地點及與出生有關的特殊事項）。

(4) 健康狀況。

(5) 求學（校名、時間、印象深刻的師長、學業成績、參加過的社團與活動、擔任過的幹部職務、得到過的榮譽與獎勵）。

(6) 經驗與能力：在生活、學習、工作中所得到的成功或失敗的經驗，以及所培養出來的待人處世的能力。

(7) 人際關係：包括最難忘的人與事。

(8) 自我分析：包括個性、興趣、優點、缺點、抱負等。

　　以上各項資料的紀錄，應力求客觀、具體，按時間先後順序，從各條資料中分析出對個人一生的意義與影響。

　　自傳寫作必須注意下列事項：

(1) 使用正楷書寫，不寫簡體字，保持字跡的端正，有錯字就重寫一張，切忌潦草，顏色以黑色墨水為佳。或可用電腦打字後，以雷射印表機列印。保持紙面的整潔，切忌凌亂汙垢，若發現錯誤，請勿修改，應換紙重寫或重印。遇有字形字義不能確定，一定要查閱字典。

(2) 敘述要有條理，通常可採取從小到大、由近而遠、自先而後的敘述法。按幼年、少年、青年等順序，即為從小到大；由家庭而學校、社會，由親人而師長、朋友，即為由近及遠；從幼兒園到小學、中學，即為自先而後。每一個段落須有敘述的重心，不可東拉西扯；各段之間須脈絡連貫，而不重覆雜沓。

(3) 文字力求流暢達意，但不必刻意修飾，尤其不必故意使用抽象概念式的抒情語句，以致讓人有浮誇不實、無病呻吟的印象。

(4) 語氣要不卑不亢、莊重平實。既不可自吹自擂、妄自尊大，也不必自貶身價、信心全無。要做到莊重不輕佻，平實而不虛浮。

(5) 正確使用標點符號。

(6) 內容要具體確實，避免含混籠統，如「在學期間品學兼優，常得師長讚賞」，不如將在學成績及獲得的獎勵具體寫出。

(7) 重點敘述的自傳，必須特別把握「主題明顯」的原則，針對此一自傳的特定用途，凸顯個人相應的特質或經驗，作為敘述的重心。例如應徵工作，即應就此工作的性質、要求，寫出個人相應的能力、經歷。

　　自傳應以對方立場為考慮要件，周全具體地描述自己的形象，以整潔、有力、中肯、踏實為原則。自傳與履歷表相較，表達型式更為自由，宜掌握此一特點，以較為感性的訴求呈現個人風格、特色與生活經驗。因此，自傳書寫之型式口吻，可以記事抒情方式為之，內容結構百分之六十為工作相關之事項，其餘介紹個人之家庭、生活、志向抱負、生涯目標等，字數以一千字至一千二百字為宜。

3. 履歷表

　　履歷表在求職過程中，是應徵者與求才公司間的橋樑，在雙方尚未正式見面時，履歷表就格外重要，其功能是替求職者爭取進一步面試的機會，所以撰寫時需特別費心，使它發揮絕佳效益。

　　雖然市面上有現成的履歷表格式可供準備就業者參考，各求職網站（上網輸入「履歷表格式」）中也都有提供制式的表格，但並不見得適合每個人的需要或應徵的工作性質。所以，自行用心規劃製作一份履歷表，以自己的獨特風格品味，呈現一份整齊有致、內容精采的簡歷，將自己最正確、最美好的展現給未來的雇主。

　　以下是建議在履歷表中要出現的基本欄位：

• 個人基本資料：包括姓名、性別（男、女）、出生年月日、聯絡電話（最易在上班時間內聯絡到的電話，亦可用手機號碼）、 通訊地址（分為永

久地址、現居地址）、e-mail、婚姻狀況（離婚填未婚，分居或配偶已去逝，則填已婚）。男性要特別註明兵役狀況。

- 個人進階資料：包括 (1) 學歷：高中以上學校名稱、科系與輔系、畢肄業時間，學歷高的寫在前面。(2) 社團經驗：有相關之打工、社團經驗、志工服務等都可列出。(3) 工作經驗：將每一個工作的公司、職稱、工作時間都詳列出來，時間近的放在前面。(4) 專長：包括精通及略通的語言（要有證照證明）、電腦軟硬體及其他技能等。

- 應徵的工作項目：包括工作名稱及性質。

- 希望待遇：社會新鮮人，可寫「依公司規定」。轉職者可打聽業界行情，衡量前次工作待遇酌量加減。

以上各項目一定得把握誠實詳細的原則，如果中間有任何捏造的事，到了第二關面試時被揭露可就糗大了。

此外，為了讓履歷表更有個人的特色，可以增加 (1) 生涯目標：如果您並沒有輝煌的工作紀錄，可要好好利用此項目加深主考官的印象，從您對所應徵的企業及職務的瞭解，以及您自己的事業規劃，都可以看出您是否是一個對職業人生有認真態度的員工！ (2) 榮譽紀錄或專業證照：這是一個非常重要的欄位，讓公司瞭解您的過去成就。(3) 照片：應以莊重成熟為宜，除非是應徵演藝工作或模特兒，否則避免用藝術沙龍照、生活照。照片如要裁剪，必須剪裁好，讓容貌原始呈現。(4)能力與專長：語文能力（說、聽、寫）、機械操作能力（如：電腦、打字、交通工具等）、與工作有關的社團活動經驗以及個人特殊興趣專長，均可列入。如果要寫英文履歷，請獨立另寫一份，千萬不可中英文夾雜。

別忘了寫完後，一定得再細心的檢查數次，為了避免盲點，可請師長、朋友代為檢查，以避免筆誤。社會新鮮人在進入職場的第一步，便是學習如何透過履歷自傳與面談行銷自己，讓自己能從諸多競爭者中脫穎而出。

二、一般注意事項

1. 忌用影本

　　所有資料最好親筆繕寫或用印表機列印，若用影印本，一方面不正式，一方面則給人失禮、不尊重的負面印象，照片亦然。特別要提醒注意，若用電腦檔案直接列印，要記得修改稱謂與公司，勿張冠李戴、漫不經心。

2. 字跡工整

　　寫自傳最好是手寫，除較具親和力外，人事主管也偏向透過字跡對求職者的態度、寫作能力及個性做初步評估。建議最好使用黑色的墨水，若以鋼筆來書寫更代表誠意。

3. 不能塗改

　　下筆前最好先打草稿，若出現錯字或塗改，請直接重新寫一份，塗改只會給人粗心或程度不佳的印象，請勿使用立可白或立可帶，為了前途寧可重新再寫一次。

4. 資料完整

　　履歷表上所有項目最好均填入資料，越詳細越好，絕對不可以有空白欄位。

5. 填寫學、經歷

　　應由時間近者往遠者依序列出，時間越近的資料應置於上方。

6. 多搜集資料

　　填待遇欄前，宜多請教他人或搜集情報，或註明「依公司規定」是較穩當做法。

7. 附上照片

　　最好是較正式的近照，生活照或者沙龍照均不宜。

　　所有文件應依序疊好，並用迴紋針等固定，或是交給影印店裝訂。

8. 用字遣詞

最好多用強而有力的字眼詞語，表現出正面且積極的特質，例如：

努力 創造 樂觀

貫徹 增加 堅決

執行 創新 突破

積極 促成 解決

此外，版面設計必須吸引人而且容易閱讀，包括一般內文及特別框示起來的文字。

三、履歷表範本—英文版

Resume

General Information:

Name:	Wang Lily	Gender:	Female
Birth Date:	Jan 01,1980	Birth Place:	Taipei
Address:	8F, No 99, Sec 1, Da-An Road, Taipei		
Phone Number:	(02)2123-1234	Fax Number:	(02)2123-1235
Cell Phone:	0934-123-456	E-mail:	123@home.com.tw

Career Objective:

Web Designer

Summary:

1. Personal Art Design Show in Art Gallery
2. Internship in Art Gallery
3. Internship in Hwa-Gong Art Institute
4. Secretary of Art Society in Hwa-Gong Art Institute
5. Fluent in Mandarin, English, Taiwanese, Japanese

Work Experience:

Name of Organisation	Job Title	From	To
Art Gallery	Website Designer	Oct. 2016	Jan. 2018
Hwa-Gong Art Institute	Magazine Designer	Dec. 2010	Jan. 2016
7-11 Retail Shop	Cashier	Oct. 2009	Dec. 2010
Mei-Mei Photo Ltd.,	Film developer and operator	Aug. 2002	Aug. 2009

Education：

Universities and colleges attended	Courses of study	From	To
Hwa-Gong Art Instutute	Art Design	Sep. 1997	Sep. 2001
Si-Men Junior High School	General Course	Sep. 1994	Jun. 1997
Si-Men Elementary School	General Courses	Sep. 1988	Dec. 1994

Skills：

Categories	Contents
Typing	60 words/min
Computing	Ms Office, Photoshop, Dream Waver, Corel Draw, Front Page
Languages	Mandarin, English, Taiwanese, Japanese

Autobiography of Miss Wang, Lily

I, Wang, Lily, am a single and healthy girl; I have no bad habits. With a mild personality, I am easy to get along with; with patience and perseverance, I am good at art designing and communication. Besides, I learn fast.

In 1999, I graduated from Hwa-Gong Art Institute with an degree in Art Design. During my studies in Hwa-Gong, I was active in extra curricular activities. I was the secretary of Art Society in Hwa-Gong Art Institute, responsible for coordinating club affairs, sites for meetings and also the designer of cover page of school magazine. Besides, I am a web designer of Art Gallery. During that time, I have many chances to learn and design. I also involved in Personal Art Design Show in Art Gallery.

I showed high interests in art design, web design, and also human design. When in Hwa-Gong, I had studied Human Body Art, therefore, I have a basic knowledge on Human Body Designing. I also interest on the Internet, therefore, I have design my own home page as my work.

I am very excited to learn that your esteemed company is recruiting personnel in the field of web design in which I hold high interests. With my special background and experiences in this field, I am confident that I can successfully fill in this position, and perform my job effectively and efficiently. I shall be loyal to my job and cooperative toward realizing the objectives of the Company.

Your favourable consideration on my application is highly appreciated.

第二節　面試禮儀

　　若得到公司人事部門以電話通知，告知某日某時到公司參加進一步的面試，恭喜你距離獲得工作的機會越來越近。但這時還不能掉以輕心，還是得要步步為營，做好各項準備工作，以免造成遺憾。以下針對準備前往面試作一詳細介紹與說明：

一、應徵前的準備工作

　　面試的關卡決定你是否能夠過關斬將、得到公司的青睞，因此面試當天的表現是關鍵。為求面試當日有傑出的表現，有些功課可以事先準備：

1. 知己知彼

　　面試前，首先要認識自己，瞭解自己的優缺點、興趣、人生目標、人格特質等。同時要事先蒐集應徵公司的相關資料，瞭解公司文化、目前的營運狀況、未來發展等概況。如此將有助於你掌握現況，且能顯示出你對於這份工作的重視程度。因此，面試前應模擬下列幾點，自己準備答案：

- 該公司主要的產品或服務為何？
- 公司的經營哲學和理念是什麼？
- 現階段該公司面臨的問題和未來規劃為何？
- 自己能提供什麼才能和專業技巧，讓公司覺得這個工作非我莫屬？
- 如何「表現」自己，才能超越其他眾多的競爭者？
- 這項職務和工作能讓自己獲得什麼成長？

…

2. 準時赴約

　　參加面談，準時是理所當然，遲到則不被容許。因此，當你獲得通知面試時，應先瞭解應試公司的地理位置，如果對環境不熟悉，可詢問應試公司如何以最便利的方式到達該公司，或是瞭解附近是否有明顯的標的物。前一晚就必須將交通路線與狀況模擬清楚，最好能提前 15 分鐘到達面試地點，這樣不但可以先熟悉一下公司環境，還可以從容的到洗手間整理儀容，緩和緊張的情緒，以引免因過度匆忙，而造成滿頭大汗、儀容凌亂、氣喘如牛。若面試就遲到，任何理由皆不足以解釋或可被諒解。若到外縣市參加面試，最好提前一天抵達並住宿，不可一早急急出門，以便從容赴約。

3. 穿著打扮

　　對剛開始展開職場生涯的新鮮人而言，建議女性在面試時，衣著以簡單、端莊的套裝為主，下身無論是搭配長褲或短裙均可，色彩以不退流行的色系為首要考量。

　　而男性在面試時，白色的襯衫、深色西褲及領帶是必備品。如果面試的是設計、創意等方面的工作，建議穿著不妨大膽一點，包括明亮對比色的使用以及較具流行感、個性化的飾品配件等。事先將應試的服裝準備妥當，挑選適宜的服裝，確定襯衫已整燙過，鞋子也要擦亮，鞋後跟要處理乾淨。

❖ 參加面試的穿著打扮。

4. 養精蓄銳

　　面試前一晚早點休息，充足的睡眠能令你精神飽滿，容光煥發，信心倍增。

　　面試時需要攜帶個人所有的資料，如果正本不能留給公司，請先自行將影印本準備好，表示有備而來、志在必得，其中又以個人的創作或專題製作最為重要，此外尚有：

- 身分證（正本或影本皆不可隨便交給應徵公司）。
- 相片。
- 相關專業證照證書（正本要自己保留）。
- 推薦書。
- 攜帶與工作有關的個人創作。
- 攜帶有關公司或應徵職位的資料，以便在等候面試時翻閱。

　　自行攜帶的各項資料，請事先整理好順序，用迴紋針或長尾夾固定，放置在手提公事包內，拿出或收入都給人很專業的形象，不要隨意拿牛皮信封或一般紙袋來裝。

　　請注意，一般正派經營的公司，很少會讓應徵者繳交個人的重要證件，如身分證、駕照、健保卡等，若是要先給保證金或試用產品之列，則非善意的公司，千萬不可輕易上當。

二、面試時的服裝儀容

　　雖然三百六十行的面試服裝大都一樣，新鮮人還是可以參考六大穿著。

1. 財務／經濟／服務

　　男士請著深色成套單排扣西裝赴試，並以深藍和鐵灰色為佳，再打條色彩、花紋能與整體造型搭配的領帶。

　　女士請著剪裁合身的淺色或中性色套裝，搭配及膝窄裙，不要太鮮豔，也不要穿全黑。1吋半的女用包鞋是適當的選擇，但不可露腳趾及後跟。

2. 法律／會計

　　男士請著深色成套單排扣或雙排扣西裝赴試，並以深藍和黑色為佳。此外若能注重一下材質，還可有不錯的效果。

　　女士請著深色或中性色套裝，搭配及膝窄裙或長裙，或是套裝再加一件外套，一樣不可太豔麗。此外，一串不錯的項鍊，也能有相乘功效。

3. 媒體／出版／旅遊

　　男士可著淺色西裝赴試，顏色不要太多或太呆板就好，而白色或藍色襯衫是不錯的選擇。

　　女士可著淺色系套裝或裙裝，全身搭配得有活力一點，乳白或淺黃、淺紫色，更能讓人覺得溫暖。

4. 藝術／設計

　　男士可自由搭配西裝、襯衫、西褲，以不超過3種顏色即可，領帶的花樣不妨做些變化，整體最好有流行、具現代感的風味。

女士亦可自由搭配套裝或裙裝，顏色、款式要有個人品味，而繫條能與造型相配的絲巾更好，重點就是多多利用配件。同樣地，整體最好有流行、具現代感的風味。

5. 科技／工程

男士可著西裝、襯衫、線衫、西褲赴試，不要太時髦或花俏，條紋及格子款式是較穩當的選擇。

女士可著素色、中性的套裝、裙裝或半套裝赴試，款式簡單即可。在此提醒，淡妝還是需要的。

6. 醫護／公教

男士可著西裝赴試，顏色、花樣也不要太單調、太嚴肅，不妨細心選擇條紋及格子的，既體面又能提振精神。此外，應避免衣物破舊或弄髒了卻未察覺。

女士著款式簡單的套裝、裙裝或褲裝，只要不搶眼、不暴露即可，但顏色也不要太深、太呆板。另外，可用絲巾、別針等配件活化整體打扮。

三、餐敘型面試禮儀

筆者應徵某基金會的工作時，主考官面試的地點選在咖啡館內進行，而非像一般的面試選在辦公室內進行。如果對方宣布面試以餐敘方式進行，倒是頗不尋常，因為一般人都同意在享用美食之際，再同時進行廣泛性面試問答，不但造成消化不良，也顯得十分格格不入。

不過，若有人順便邀你共用早餐、午餐或晚餐，為了想多瞭解你一點，其實是利用各種餐宴的機會，來進行更進一步的仔細觀察，還是脫不了面試的範疇。有幾項原則可以把握：

1. 別在餐桌上整理儀容。

2. 餐巾在整個用餐過程中都該置於膝上。

3. 雙腳應該平置於地板，而不是斜倚在椅子一側；雙腿交疊而坐之時，不要不停搖晃另一隻腳。

4. 別把玩餐具，別亂作手勢，或手執瓷杯或大圓玻璃杯來強調自己說話的重點，不要因為緊張而一直喝飲料。

5. 別懶洋洋地以手支腮聽人說話，也不能把兩隻手肘都抴在桌面上。

6. 萬一看到熟人，別胡亂揮手招呼，點頭微笑即可，還是把注意力集中在你自己桌前的這群人上。

7. 點餐或點飲料時，選擇中價位的為佳。

8. 不可吃太快或太慢，應配合主考官的節奏。

9. 水或飲料不要喝太多，若一直跑廁所，會被誤以為過於緊張。

10. 若自己的飲料或食物先送來，一定要等主考官的也送來後，主考官請你吃才能開動。

11. 不要拿筆在餐巾紙或餐墊上亂塗鴉或寫字。

　　在面試結束要離去時，記得要向主考官道謝及說聲「再見」，回到家以後記得要寫一張謝卡給主考官，讓他們對你的印象更加的深刻，但是內容一定要具備誠心誠意的感謝，否則只有幫倒忙的後果。

四、注意事項

　　面試過程中的注意事項：

1. 提早到達較為從容。

2. 進入房間應先敲門。

3. 坐姿端正，眼神自然，手腳安定。

4. 每次答話應乾脆俐落，不打斷對方談話。

5. 正面積極的自我表達是面談時不可或缺的。

6. 自己對職務的期待要適時表達，讓主試者可以正確評估自己，以免到職後才發現不適任。

✖ 參加面試時坐姿要挺直。

7. 面談告一段落的閒聊，也會影響主試者對自己的評價，所以不宜太鬆懈。

8. 談話結束前應約定下次見面或聯絡的時間，以探詢自己被錄用的機會有多少。

9. 無論面談之後對此工作或主試者的好惡，都應該向對方表示感謝。

面試時的儀態：

1. 進入主考官辦公室時，必須先敲門再進入。

2. 等待主考官邀請時才禮貌地坐下，不要一看到椅子就一屁股坐下，坐的時候要保持筆直。

3. 談話時要與主考官有適量的眼神接觸，對談過程要適時點頭回應。

4. 談話時切忌東張西望，或是眼神不正、閃躲、亂瞟，否則會讓人覺得你欠缺誠意或不可靠。

5. 留意自己的肢體語言，要得體大方。

6. 注意坐姿，不可蹺腿、左搖右擺、雙臂交疊胸前、斜靠椅背、單手或雙手托腮。

7. 身體要稍微前傾，以顯示神情專注。

8. 避免小動作，小動作會給人負面印象及顯示自己信心不足。

回答問題的禮節：

1. 態度誠懇，不宜過分客套和謙卑。

2. 不明白主考官的問題時，應禮貌地請他重複。

3. 陳述長處時，要誠實而不誇張，視應徵職位的要求，充分表現自己有關的能力和才幹。

4. 不知道答案或沒有把握的問題，不妨坦白承認，不要硬拗，以免弄巧成拙。

5. 回答問題的態度應保持平和，神情專注誠懇，以不疾不徐的說話速度，清晰而沉著的表達意見，展現全然的自信。

6. 回答問題時，語調要肯定、正面，表現信心，盡量少用助語詞。

7. 不要打斷主考官說話，這是非常無禮的行為。

ETIQUETTE COLUMN

面試時避免以下十八個話題

1. 先前雇主的產權性機密資料。

2. 最近離婚或分手的「驚悚」細節。

3. 內心的性別或種族偏見。

4. 政治話題。

5. 宗教話題。

6. 心愛的明星球隊或運動員。

7. 子女或家庭成員，甚至到自吹自擂的地步。

8. 為面試官取得某物或某種特殊商品的提議。

9. 談到你剛搬離之某地區的天氣或交通，或任何風土人物，把它們批評得體
無完膚。

10. 你如何地厭惡數學、科學或其他特別學科，雖然表面上看來似乎與此職位
無關。

11. 絲毫無益於前途的個人憎惡。

12. 抱怨面試官讓你久等，或須填寫工作申請表。

13. 老提大人物名號以自抬身價。

14. 透露力有未逮之處。

15. 談話偶爾會陷於沉默，不可為了化解冷場的情況，而將你腦中浮現的念頭
隨意脫口而出。

16. 漫無焦點的閒扯。

17. 將面試官讚美得天花亂墜。

18. 負面的肢體語言。

第三節　會議禮儀

　　在這個科技越來越進步的時代，人與人真實面對面的會議已經慢慢的減少了，大多被現代科技「網路視訊會議」所取代，「網路視訊」不僅僅縮短各國間人與人的距離，更加節省了每個人的時間和金錢。本節的介紹主要是希望能讓更多人瞭解會議、尊重會議，讓每個人在開會時，都能享受到應有的尊重和權利。

　　所謂的會議，就是由三位或三位以上的人，共同對某項議題討論而召開的。會議各有優缺點，有些會議是多餘的、無助益的、妨礙生產的；有些會議卻可以集結眾人，並且互相學習，還能瞭解公司的目標，更能知道領導者的想法和作為。開會的成效應視會議內容品質來決定。

一、會議的安排

　　此會議又分成「事先排定」和「臨時起意」兩種。而事先排定的會議有七大原則：

1. 召開會議之主席，須為相關人員中層級最高者，若是層級相同之人，則由與職務最直接相關的人主持，原則上是由上司來召開會議。

2. 召開者須詢問其他參與者是否方便參與，並定下時間與場地。

3. 召開者須說明會議之目的、預計開多長時間，並需要預作準備資料來報告。

4. 所有人都要準時出席，遲到只會顯示出這個人的組織能力和時間管理很差。

5. 召開者須盡可能讓會議進行得有效率，若是對某個問題有所指示或尚未作成決策獲得共識，主席須再次發言。

6. 在會議中，負責會議紀錄者，通常是由祕書擔任，記錄完成後，由召開人看完同意之後，再發給與會人士。

7. 會後要盡量將會議結果周告所有同仁知道，以凝聚向心力。

臨時起意之會議通常是由上司和他的幾個下屬，或某個高級經理和其他部門同事召開的。若你要開臨時會議，拿起話筒前，要先問自己：「有馬上開會的必要嗎？或是等準備妥當一點再開呢？」

二、會議中的禮儀

1. 正式會議

此會議一般是定期召開，有一個指定的主席，有預先公布的時間、議程和報告，還有協助行政工作的祕書。

(1) 會前要知道時間表與議程，準備預定的文件報告。若要提出一個議程上沒有的議題，可以口頭提出「臨時動議」，若太過複雜或涉及某些基本原則，則要在三個工作天前提交議案，要求排入議程中，千萬不能在會議中突然提出一份文件，且希望能達成決議。

(2) 應穿著正式服裝，除非會前有言明不用正式服裝。

(3) 應準時到達，最好提早五分鐘到，遲到是最不禮貌的行為。

(4) 尊重座位的安排。

(5) 發表意見最長以三分鐘為限，內容過長時，別人聽不到你的重點。

(6) 若你是新人，發言時要讓前輩先發表。發言要簡明、有禮而中肯，要提出建設性的方案，不是純粹的批評。

(7) 即使你不滿其他同僚的觀點，仍然要尊重。

(8) 確定每個問題都有得到結論。

(9) 會議記錄發傳給同事前，得先經過主席同意。

(10) 若你不參加某一個會議，記得要事先請假。

❋ 開會要有效率，就必須事先有萬全準備。

233

2. 內部會議

　　許多電視廣告總是喜歡拿辦公室的開會場景來開玩笑，因為許多公司開會的過程冗長，會議討論內容無聊，最後會議也沒有結論，只造成大家精疲力竭，為避免開會變成「一言堂」或「會而不議、議而不決、決而不行、行而不通、再來開會」的窘境，建議參加公司內部會議時，應該遵守的禮儀有：

(1) 準時到達。

(2) 若是新人，對其他與會者，應以友善、自然的態度介紹自己。若到別的公司開會，應對別人解釋你代表哪個單位、為何而來。若跟你談話者是經理時，當他問起個人及公司的事情，則是遞出名片之時機。

(3) 做為一個新人，不可自行入座，直到知道你為何參加的人示意你「隨便找個位子坐」，或向他確認位置後，才入座。

(4) 若會議拖延，你應與左右兩旁的人聊天，除非兩旁之人正在閱讀。內容要與即將要開之會議的內容相關。

(5) 出席會議時，應把預備工作完成。

(6) 若要演講，應事先預演，並請會議經理讓你試用器材，以確定無問題。

(7) 先得到主席允許再用錄音機。

(8) 詳細記錄會議討論之重點和對你的意見的批評，還有你對他人意見的批評。

(9) 發言結束後，不能猛然坐下，那是表示厭煩的動作。

(10) 會議過程中不可胡亂塗鴉，那是分心的行為。而且也要避免其他小動作，如撕碎紙張、串迴紋針等。

❋ 參加外部會議時，穿著正式服裝是基本的禮儀。

(11) 避免干擾其他人發言，並利用時間記下要說的話。應等待時機發言，舉手等主席請你發言，才可起立發言。

(12) 要有勇氣要求澄清一個不清楚之見解。

(13) 輕鬆表現自己積極的情緒，若強烈不滿別人意見，則應謹慎控制消極情緒的表達。

(14) 對團體講話時，要用「我們」而不是「我」。「我們」表示團隊一分子之一，「我」似乎是以自我為中心。

(15) 經過深思才說話，要有條理的陳述你的見解，且堅守會議主題，避免浪費他人時間。

(16) 若有水杯，應用水杯來喝罐裝或瓶裝飲料，離開會場時也要把身邊的空罐子、紙杯、紙巾收拾好。

(17) 離開會場時，應向主席致謝。

(18) 會議後，立刻記下個人須做之事，並把下次開會時間記在工作日誌上。

(19) 聽姿：聆聽一個人講話時，要面帶微笑、眼神溫和的注視對方；開會時作筆記，對主講者來說會有相當受尊重的感受，寫筆記時也應採正確寫姿，切勿蹺二郎腿或抖腳，不可單手或雙手托腮、手肘支在桌上，更不可打呵欠、眼神飄忽、東張西望等。

(20) 坐姿：寫字時手肘應輕放桌面，隨動作移動；臀部應坐椅子三分之二，背脊自然挺直；眼睛與桌面距離 25~30 公分；女士雙腳、膝蓋應併攏，男士雙腳微開；切忌彎腰駝背或趴在桌上。

　　若是應邀參加其他公司或政府機構的會議時，更有一些較高標準的禮儀要遵守：

3. 參與別人公司及政府相關會議

(1) 要穿著較正式的服裝。

　　女士以簡單、大方、整潔、明快等上班族的穿著為原則。要符合工作需要，以靈活動作、方便走動為主；彩度太高、色彩過多都不適合，明淨高雅、中低彩度的色彩最合適；質感方面，避免太過厚重、僵硬、柔軟、輕薄、短小、鬆垮；衣服的剪裁要合身，才能顯出精神和體態美。穿著公司制服時，保持乾淨、平整；裙長以稍微過膝為原則；穿著色彩協調的絲襪和鞋子；化妝、配飾應搭配得宜；利用髮型在同中求異；適度調整制服尺寸。

　　男士則要穿西裝，這是最能表現男人形象的服裝；頭髮保持潔淨，不可覆額、蓋耳。襯衫領約露出西裝二公分；雙排扣的西裝，襯衫袖要多露一些，公司名牌要掛在規定的位置，褲長以能覆蓋鞋跟為原則，皮鞋保持清潔明亮，繫緊鞋帶。

(2) 準時到達。

(3) 不該要求用任何在場者的電話，也不該要求任何人在開會時幫你打電話或跑腿。

(4) 若沒有人在會前介紹你，你應主動向旁人自我介紹，說出自己姓名和公司名稱。當主席到達時，你應向主席自我介紹，使會議能在友好的氣氛下進行。

(5) 你應等某人示意你或主席請所有人入座後，再坐下。

(6) 提供點心是主人的責任，若沒提供也不該要求。

(7) 會議過程不可抽菸。

(8) 送名片給會議記錄者，能在發言時，讓他馬上知道你是誰。

(9) 始終要保持警覺和專注。

(10) 會議結束後，感謝主席的款待。

三、接待與服務

　　所屬公司召開各項會議，若有外賓前來，接待的工作不得馬虎，每個人都喜歡與親切有禮的人交往，每一位賓客都希望受到尊重，所以服務的態度是十分重要的。

◎ 接待人員的禮節

　　貴賓來訪，接待人員的禮節是否合宜、態度是否親切，這將影響貴賓對公司或國家的第一印象，為了表現良好的禮儀及風度，在迎接貴賓時，接待員需注意以下幾點：

1. 服裝儀容整齊，態度親切，隨時保持微笑。

2. 動作精確敏捷及合宜的禮儀。

3. 有貴賓至上的服務態度。

4. 不可對貴賓嘮叨，例如好奇或過於熱情的問候。

5. 盡量不要讓別人打擾貴賓用餐（如合照、簽名），應於貴賓用完餐後徵求他的同意，才能有其他安排。

■ 接待服務時的站姿。

6. 接待結束，你可以要求貴賓簽名或送照片，但不可要求其他的行為。

　　當你被安排接待名人、巨星時，是件令人興奮之事，但可別忘了要善盡自己的職責。

◎ 帶領賓客的要點

　　帶領來賓到招待室或會議室時，並不是引導至目的地就好，還必須注意以下幾點：

1. 指出欲前往的方向

「來賓你好，請往這邊走！」在說完之前應該伸出手臂指出欲前往的方向，要注意並非用手指來指，而是用整個手掌來指示，才會給人留下恭敬的印象。

2. 站在左斜前方帶領

以人的心理來看，若站在後面會讓人感到害怕，若站在前面，又會遮住視線令人討厭；所以，最理想的是走在客戶的左斜前方，保護著對方的心臟，又可以自由地使用右手，這樣才可使人放心。

3. 配合對方的腳步，領先於二、三步之前

前進速度要配合對方，不可只顧著自己快速行走，而把客戶丟得老遠，距離應保持在二、三步之前，大約相距一公尺左右。將身體稍微朝向對方，一邊確認步調前進，若有不易發覺的階梯時，需提醒：「請小心階梯！」

4. 到達房間之後

若門關著，要先敲門。「請，在這邊！」招呼客戶進入之後，要用手掌指示：「請這邊坐！」請客戶坐在上座，如果對方客氣的話，應再加一句：「請不要客氣！」

5. 告知等待的時間

做完以上的步驟即退出並不失禮，可是，若能更進一步關懷對方則更完美，因此在對方坐妥之後，應加一句：「〇〇先生會在幾分鐘左右來這裡，請稍等。」然後再退下。

◎ 服務臺人員應注意事項

當來賓或顧客來臨之前，應先將各種相關資料準備妥當，如公司的文宣簡介、開會相關資料等。這些應事先準備齊全，不可在客人已經來了，才手忙腳亂的找尋，如此會讓人覺得很不專業，也缺乏對客人的尊重。

◎ 服務臺人員請客人簽名時

　　來賓到訪時，通常都會請他們在服務臺寫下名字及來意，並且在胸前佩戴識別證或胸花。請用懇求的語氣向來賓說：「歡迎光臨，請在此處簽上您的大名，謝謝。」同時向他點點頭，有禮貌地把筆尾交給對方。

　　等來賓寫完後，應該向來賓說聲「謝謝」，同時，如果要請對方佩戴識別證或胸花，也要順便說出來。

延伸閱讀

- 104 人力銀行，https://www.104.com.tw/area/freshman/main/index

- 女性應對禮儀，黃靜香著（臺北：大展出版社，民 84 年，初版）ISBN: 978-957-557-542-7

- 日本人，你不累嗎？那些日本人不說、卻都這麼做的社會潛規則，miho 著（臺北：城邦出版，2016 年，初版三刷）ISBN: 978-986-92618-3-8

- 日本企業文化與禮儀：漢日對照，趙立紅、神野繁憲主編（大連：大連理工大學出版社，2014 年，初版）ISBN: 978-7-5611-9184-2

- 完全禮儀手冊─商業社交禮儀，麗堤蒂亞‧鮑德瑞奇原著；陳芬蘭譯（臺北：智庫文化出版，民 84 年，第一版）ISBN: 978-957-955-303-2

- 快樂的上班族─創造企業生涯的新契機，古谷治子著；魏珠恩譯（臺北：創意力文化事業有限公司，民 83 年，初版）ISBN: 978-957-949-170-9

- 看漫畫學日本人的工作禮儀，致良日語工作室（臺北：致良，2005 年，初版四刷）ISBN: 978-957-786-021-7

- 商業禮儀，黃馨儀著（臺北：臺視文化事業股份有限公司，民 84 年，初版）ISBN: 978-957-565-208-1

- 國際商業禮儀，莊淑婷編著（臺北：高立圖書出版，民 99，四版修訂）ISBN: 978-986-412-730-6

- 陳冠穎的禮想國─商業社交禮儀，陳冠穎著（臺北：中華民國禮儀推展協會，民 80 年，初版）ISBN: 978-957-970-170-9

- 禮儀寶典，鄭麗園（臺北：智慧事業體，民 89 年，初版）ISBN: 978-957-309-713-6

- 職場魅力大出擊，千鶴子作；彭宏譯（臺北：私房書屋出版有限公司，民 87 年，初版）ISBN: 978-957-845-643-3